황금의 목소리
저우쉬안周璇

金嗓子 周璇

최명숙 지음

* 본 연구는 2024년도 상명대학교 교내연구비를 지원받아 수행하였음.

책을 펴내며

중국 근대 대중음악, 그리고 여성의 목소리

저우쉬안(周璇)의 노래를 다시 흥미롭게 듣게 된 것은 지금으로부터 꽤 오래전, 상하이 유행가요에 대한 기초 자료를 정리하던 시기였다. 본격적인 계기는 2021년, "상하이 옛노래"라는 제목의 공연 및 대담 프로그램에 참여해 달라는 제안을 받으면서부터였다.

오래된 아날로그 음원 파일 속에서 흘러나온 그녀의 목소리는 지금도 또렷이 기억난다. 그것은 어떤 장르로도 쉽게 정의할 수 없는, 그러나 분명히 가슴 깊은 곳을 건드리는 음색이었다. 낯설면서도 익숙했고, 서양식 벨칸토 창법과 중국 전통 발성이 겹쳐진 듯한, 기묘한 아름다움을 지닌 소리였다. 그 창법은 단순한 감상의 차원을 넘어, 나에게 본질적인 질문을 던졌다.

"왜 저우쉬안의 노래는 오늘날에도 여전히 회자되는가?"

이렇게 시작된 질문은 이후 연구의 방향을 근본적으로 바꾸어 놓았다. 필자는 자연스럽게 상하이라는 도시, 1930년대라는 시대, 그리고 '시대곡(时代曲)'이라 불린 음악의 세계로 들어가게 되었다. 당시 상하이는 단순한 도시가 아니었다. 식민과 전쟁, 서구 제국주의와 중국 전통, 근대화의 충돌과 타협이 뒤엉키며, 특별한 감성 지형을 만들어가던 공간이었다. 콘세션 시대의 대중예술, 여성 스타의 탄생, 감정의 상업화가 복잡하게 얽힌 그 무대 위에서, 중국 근대 대중음악(유행음악)이라는 독특한 장르가 피어나고 있었다.

저우쉬안은 그 문화적 혼종성의 상징이자 정서적 집약체였다. 그녀의 노래 속에는 근대 중국이 품었던 꿈과 상처, 여성의 욕망과 좌절, 도시의 정서와 이념의 잔향이 고스란히 담겨 있었다.

필자는 오랫동안 중국의 음악과 공연산업을 연구해 왔다. 2019년 『중국 대중음악 연구』에서는 개혁개방 이후의 중국 대중가요가 어떻게 국가의 이념과 조응하며 변화해 왔는지를 살펴보았고, 이후에도 다양한 한중 문화 프로젝트를 통해 동시대 중국의 대중문화를 체감해 왔다. 그러나 연구가 깊어질수록, 지금의 음악만으로는 설명되지 않는 정서적 원형과 감정의 코드, 그리고 여성 목소리의 계보가 존재한다는 사실에 점점 더 민감해졌다.

그러한 문제의식은 자연스럽게 과거로 시선을 돌리게 했고, 상하이 시대곡과 저우쉬안이라는 존재에 주목하게 했다.

이 책은 상하이 유행가의 혼종적 양상을 토대로, 저우쉬안의 삶과 노래를 중심으로 1930~40년대 상하이라는 도시의 감성 구조를 추적한다. 그녀의 목소리를 단지 한 시대의 문화상품이나 스타 시스템의 결과로만 바라보는 데 그치지 않고, 그 안에 축적된 감정의 형식, 성별화된 발화의 공간, 근대적 여성 정체성의 재현 방식을 함께 읽고자 한다.

아울러 저우쉬안 이후 덩리쥔(鄧麗君), 리꾸이(李谷一)로 이어지는 여성 가수들의 계보를 통해, 중국 유행가 속 여성 목소리가 어떻게 시대를 초월해 해석되고 소비되어 왔는지를 살핀다. 이러한 흐름을 통해 대중음악이 단순한 오락이 아닌, 감정과 이념, 기억과 젠더가 교차하는 문화적 장이었음을 확인하고자 한다.

더 나아가, 이 책은 한국과 중국의 근대 유행가가 어떻게 서로 영향을 주고받았는지, 그리고 그 상호작용이 감정의 정치학과 어떤 방식으로 얽혀 있었는지도 함께 고찰한다. 신민요와 신민가, 식민지 조선의 트로트와 중국 시대곡은 단순한 장르적 교류가 아니라, 당대의 감정 구조와 민족성, 나아가 '우리 것'이라는 정체성의 형성과 전유에 깊이 관여했던 문화적 실천이었다.

지금 우리가 다시 듣는 저우쉬안의 노래는, 더 이상 오래된 음반 속 과거의 유물이 아니다. 그것은 여전히 살아 있는 문화적 목소리이자, 동아시아 근대 감성사의 중요한 흔적이다.

이 책은 그 목소리를 따라가는 여정의 기록이다. 노래와 기억, 감정과 정치가 교차하는 지점에서, 우리가 잊고 있던 근대 동아시아의 감성 지형을 다시 그려보려는 시도이다. 그리고 그 중심에는 노래와 영화, 그리고 여성이 있다.

중국 대중음악의 지형은 그 폭과 깊이가 매우 방대하여, 한 권의 책으로 모두 아우르기에는 분명한 한계가 있다. 필자는 2019년에 발표한 저서를 통해 1970년대 후반부터 1990년대 말까지, 개혁개방이라는 격동의 시기를 중심으로 한 중국 대중음악의 발전과 흐름을 1차적으로 정리한 바 있다. 이번 책은 그 후속 작업으로, 20세기 중국 대중음악의 전개 양상을 보다 입체적으로 조망하고자 하는 시도의 일환이며, 그러한 점에서 한층 더 의미를 갖는다. 집필 과정에서 선행 연구자들이 남긴 다양한 저서와 논문, 그리고 소중한 자료들로부터 많은 도움을 받았으며, 이에 대한 감사의 마음은 주석의 출처 표기와 참고문헌 목록으로 대신하고자 한다.

2025. 8

최명숙

목차

일러두기

1. 문헌의 표기

서적, 신문 및 잡지의 제목은『 』안에, 논문 및 기사의 제목은「 」안에 표기한다. (중국어 및 외국어 서적, 신문 및 잡지, 논문 및 기상의 제목은 똑같이 표기하되, 한국어로 번역된 제목을 쓰고 중국어 표준어 발음의 한국 외래어 표기법을 따랐다.)

두 번 이상 나올 경우 원어 제목의 병기는 생략한다.

2. 앨범(음반사), 영화(드라마), 음반, 노래의 제목 표기

1) 음반, 노래의 제목은 〈 〉 안에,
2) 영화, 드라마 제목은 ≪ ≫ 안에,
3) 콘서트나 가요제는 " " 안에 표기하되, 한국어로 번역된 제목을 쓰고 중국어 표준어 발음의 한국외래어 표기법을 따랐다.
   단, 영화 제목, 앨범 제목이 처음 나올 때는 반드시 원제목을 병기했다. 두 번 이상 나올 경우 원어 제목의 병기는 생략한다.

3. 중국어 인명과 지명, 기관명과 상호 표기

중국어 인명과 지명, 기관명과 상호는 한국어 음차로 표기하고 중국어 표준어 발음의 한국 외래어 표기법을 따랐다. 두 번 이상 나올 경우 번역된 제목의 병기는 생략한다.

4. 기타 외국어 고유명사 표기

중국어로 된 영화, 소설, 방송 프로그램 등은 〈 〉 안에 표기하되, 한국어로 번역된 제목을 쓰고 중국어 표준어 발음의 한국외래어 표기법을 따랐다. 두 번 이상 나올 경우 원어 제목의 병기는 생략한다.

황금의 목소리
저우쉬안周璇

金嗓子 周璇

제1장
근대 상하이, 대중음악의 문화 지형

'대중음악', '대중가요'와 '유행음악', '유행가곡'

현재 한국에서 일반적으로 사용하는 '대중음악'이나 '대중가요'라는 용어는, 중국에서는 '유행음악(流行音乐)'이나 '유행가곡(流行歌曲)'이라는 표현으로 통일되어 사용된다는 점에서 주목할 만한 차이가 있다.

기존의 관련 연구들을 살펴보면 '대중음악', '대중가요' 혹은 '유행음악', '유행가곡' 등의 표현이 혼용되어 왔다. 필자는 그동안 중국어 표현을 일관해 왔지만, 이 책에서는 한국 독자들의 이해를 돕기 위해 '대중음악'과 '대중가요'라는 용어를 통일적으로 사용할 예정이다. 다만, 한국에서 일반적으로 사용되지 않는 일부 용어에 대해서는 중국어 표현을 그대로 사용하도록 한다.

1920년대 말부터 1949년 이전까지의 중국은 격동의 시대였다. 전쟁과 정치적 격변 속에서 사회 전반에 걸쳐 크고 작은 변화들이 일어났고, 음악 역시 그 중심에 있었다. 특히 상하이를 중심으로 발전한 '시대곡'은 단순한 대중가요 이상의 의미를 지닌다. 이 노래들은 당대 사람들의 삶과 감정을 고스란히 담아내며, 근대 중국 사회의 정서를 반영한 하나의 문화적 풍경을 형성했다.

일제강점기라는 공통된 역사적 맥락 속에서, 한국과 중국은 음악의 영역에서도 서로 영향을 주고받으며 복합적인 교류의 장을 이루어 갔다. 그 중심에 놓인 도시가 바로 상하이다. 이곳에서는 자아와 타자, 전통과 현대, 도시와 농촌, 전쟁과 평화라는 상반된 가치들이 충돌하고 융합되며, 이질적인 요소들이 독특한 방식으로 혼합된 유행가들이 탄생했다.

이 책에서 다루는 '시대곡'은 단지 상하이에서 태어난 한 시기의 음악이 아니다. 그것은 이후 수십 년에 걸쳐 홍콩과 타이완을 경유해 다시 본토로 회귀하는 독특한 순환의 경로를 지닌 음악적 유산이다. 시대곡은 민족적 감성과 외래 음악 요소가 뒤섞인, 말 그대로 혼종의 산물이었다. 그 안에는 중국 전통 민가와 희곡 창법, 그리고 서양의 벨칸토, 재즈, 블루스 등 다양한 발성법과 음악 형식이 절묘하게 결합되어 있다.

이러한 시대곡의 탄생 배경에는 서양음악의 유입이라는 흐름도 빼놓을 수 없다. 일본을 거쳐 도입된 학당악가(學堂樂歌)가 전국적으로 퍼졌고, 좌익 계열의 학원파 음악가들은 애국심을 고취하는 노래를 만들었다. 여기에 미국과 유럽에서 성악을 전공하고 돌아온 유학생들이 합류하면서, 당시 중국 음악계는 전례 없는 장르적 혼융을 경험하게 된다. 특히 영화와 음반 산업의 발전은 가수들이 새로운 스타일을 실험하고, 대중과 더욱 밀접하게 소통할 수 있는 기반이 되었다.

1927년부터 1949년까지의 약 20여 년은 시대곡의 전성기라 할 수 있다. 초기에는 전통민요나 희곡의 창법이 중심을 이루었지만, 시장이 점차 확대되면서 다양한 외래 요소가 본격적으로 혼합되기 시작했다. 미국의 팝과 블루스는 노래의 형식뿐 아니라 발성법에도 깊이 영향을 주었고, 가수들은 이에 맞는 새로운 음색과 표현 방식을 탐색해 나갔다. 그러나 1949년 신중국 수립 이후, 시대곡은 '퇴폐적'이라는 규정 아래 상하이 무대에서 사라졌고, 그 계보는 홍콩과 타이완으로 이어지게 된다.

이 책은 바로 이러한 시대곡의 혼용성과 역사적 흐름을 하나하나 짚어가며, 중국 근대 유행가의 형성과 변모, 그리고 그 문화적 의미를 재조명하고자 한다. 단순히 음악을 분석하는 데 그치지 않고, 그 음악이 만들어졌던 시대와 공간, 사람들의 감정과 사상까지 함께 들여다보는 일. 바로 그것이 이 작업을 시작하게 된 가장 큰 이유다.

1. 중국 근대 대중음악의 개념적 혼용

시대곡이란 무엇인가?

중국의 가장 권위 있는 『중국음악사전』이나 『중국근현대음악사』 등 음악서와 바이두(百度) 백과사전을 검색해 보더라도 '시대곡'이나 '노가(老歌)'에 대한 구분과 구체적인 명시는 찾을 수 없었다. 중국의 대부분 연구자료를 보면 처음부터 시대곡 또는 노가를 '1930~1940년대의 유행가'로 단정하고 논술을 시작하거나 일부 연구자는 시대곡의 음악적 특징을 가볍게 언급하며 용어해석을 대체하는 정도에 불과하다. 그럼 시대곡이란 이 용어는 도대체 언제, 어떻게 사용되기 시작하였으며 그 음악적 요소와 의미가 무엇이었는지에 대한 정리로 논의를 시작할 필요가 있다.

먼저 언어적 측면과 역사적 측면으로 검색해 보면, 명나라부터 '시곡(时曲)', '시조(时调)' 등 용어가 자주 등장한 것으로 확인된다. '시곡'이란 '당시 유행한 노래'라는 뜻으로, 문인들이 잡곡이나 희곡에 대해 기록을 할 때 흔히 쓴 용어로 파악된다. 여기서 '시(时)'는 '새롭다, 트랜디하다, 시대를 초월하다' 등 뜻과 동시에 '유행, 민간'이란 함의도 가지고 있다.[1)]

청왕조에 들어 '시극(时剧)'이란 용어까지 추가되었고 이는 민국시기까지 계속 이어지고 있었음을 다음 예로 확인할 수 있다. 당시 민국서

---

1) 李秋菊, 〈明以来文献中"时调"的同义语与相关语辨析〉, 兰州学刊 (09), 2008, 171-175.

국(民国书局)에서 발행한 양나이메이(杨耐梅)의 레코드판에 명시한 '시대레코드(时代唱片)'[2]와 시대곡의 선구자 리진후이의 1930년대에 발표한 곡집에 적힌 '시대신가(时代新曲)', '시대명곡(时代名曲)'이란 글이 바로 그것이다. 1937년 5월 1일『신보(申报)』의 한 광고문을 보면,『中西書局本年度最初大特價』란의 오락 및 기타 분류 중『시대가곡대관(时代歌曲大观)』이란 음악서가 특가세일에 참여한다고 적혀있는 대목도 주목할 만하다. 중국 현대문학의 대표작가로 평가받는 장아이링(张爱铃)이 1943년의 11집 5회의 잡지에서 발표한「결국은 상하이 사람이다(到底是上海人)」에서 시대곡을 '기이한 지혜(奇异的智慧)'라고 표현한 글 또한 역시 많은 자료에서 인용되고 있다.

홍콩 작가, 번역가, 유행음악가 황치즈(黄奇智)는『시대곡의 유광세월(时代曲的留光岁月), 1930~1970』에서 다음과 같이 논하고 있다.

> '시대곡은 상하이 하이파(海派) 유행가이며 후에 홍콩으로 옮겨 발전하였다'(周晓燕, 2013: 19)(중략) '유행가곡'이란 용어는 대륙에서만 통용되고 '시대곡'은 오직 홍콩에서만 단독 사용되고 있다. (중략) 시대곡은 '학원파, 사상체계를 옹호하는 지배적 지위의 인사, 혁명가곡을 지지하는 사람들이 부정하는 미미지음(靡靡之音)이다.'[3]

위의 인용에서 확인할 수 있듯이 '시대곡'이란 용어는 1949년 이후 홍콩에서 사용하기 시작하여 중국 본토로 확산되었음을 확인할 수 있다. 홍콩 작사, 작곡의 대가인 황잔(黄霑)이 한 말도 이를 뒷받침하고 있다.

---

2) 斯雯, 〈从《申报》看上海"时代曲"的发展〉, 南京师范大学, 2017, 15.

3) 黄奇智, 《时代曲的留光岁月1930~1970》, 香港: 香港三联书店, 2000, 10.

'홍콩의 유행가곡 작곡가 중 경력이 오래된 세대는 전부 중국 '시대곡'의 모유를 먹고 자란 분들이다.'[4]

1949년 이후, 홍콩은 상하이 음악의 성과를 계속 이어 중국 대중음악을 계승해 나갔으며 더욱 성공적인 발전을 거듭해 왔다. 이는 당시에 상하이의 유행음악가들과 문화인들이 홍콩과 타이완 지역으로 이주하여 중국 대중음악의 혈맥을 보존하고 이어간 결과이다. 개혁개방의 신시기에 들어서면서 30년 동안 타향살이(홍콩, 타이완)를 했던 시대곡은 다양한 대중매체를 통하여 중국 본토에 유입되었고 본토 음악인들의 창작활동과 관념을 변화시켰다.

홍콩 학자 비샤오저우(毕小舟)의 글에서 그 유입경로를 더 확인할 수 있다.

'홍콩과 타이완의 유행음악이 대륙에서 생기를 얻고, 각 지역을 강타한 것은 그야말로 아주 짧은 시기 내의 일이다. 1978년 정부에서 라디오와 녹음기를 홍콩과 마카오에서 국내의 반입을 선포함과 동시에, 홍콩과 마카오, 타이완 등 유행음악이 귀향하는 홍콩, 마카오 교포들로 카세트 녹음기, 라디오를 베이징, 상하이, 광저우 등 대도시로 휴대하여 들어갔다(후략)'

이처럼 그 '퇴폐적인 음악'이 중국인으로 하여금 대중음악이 어떤 것인가를 깨닫게 한 것이다. 21세기에 들어서면서 중국에서도 전통과 현대, 동서양 문화가 조화롭게 혼용되면서 상하이 국제도시의 근대문화에 대한 학술적 관심이 한층 고조되기 시작하였다. 필자는 그동안 근대 상하이 대중가요를 알리는 공연과 대담을 준비하는 과정에서 당시 작곡가와 가수는 물론 일부 용어와 작품에 대해 좀 더 상세하게 살펴

4) 黃霑, 〈香港歌曲的祖宗〉, 北方音樂 第10期, 2004, 38.

볼 수 있었다.

2002년 작곡가 천강의 『상하이 노가명전』이 출판되면서 '노가(老歌)'란 용어를 정면으로 제시하였다. 이는 황치즈의 『시대곡의 유광세월 1930~1970』에서 강조했었던 '시대곡' 외 또 다른 대중가요를 대신하는 용어로 급부상하였다. 그동안 '상하이 노가'란 용어를 최초로 누가 사용하였는지를 알 수 없었지만, 출판물로는 천강이 처음으로 '노가'란 용어를 사용한 셈이고, 학계에서도 이를 일관되게 주장하고 있다.

천강에 이어 2004년 순루이의 『중국유행음악약사 1917~1970』과 2008년, 2009년 2년 사이 출간한 왕융·바오징의 『상하이노가 1931~1949』와 『해상유성-상하이노가종횡담』 등은 비교적 다양한 각도로 근대 유행음악의 역사와 발전과정을 기록하였고 더불어 대표적인 작곡가, 가수, 393곡의 악보 및 20개 CD 음원을 정리하였다.

먼저 왕융이 편찬한 두 편의 저서만 보더라도 '상하이 노가'는 '대중가요'로 해석되고 있음을 알 수 있다. 그런데 여기서 주목해야 할 부분은 왕융이 시대곡에 대한 설명이다.

> 이러한 유행가곡들을 당시에 '시대곡'이라 명명한 것은 상하이 이 도시의 시대적 특색을 노래한 것이고 또한 시대의 추세와 부합한 것이다.[5]

바로 '당시에'라는 단어에서 왕융의 해석이 황치즈가 주장했던 것과 약간 다른 시각이라 할 수 있다. 중국의 근대 대중가요를 논할 때 왕융을 포함한 본토의 연구자들은 '노가'나 '시대곡'에 대해 명확한 구분 없이 통용하고 있으며 이 용어가 홍콩과 타이완에서 유래했다는 점에 대한 언급 또한 찾아볼 수 없었다는 점이다.

---

5) 王勇·鲍静,《海上留声-上海老歌纵横谈》, 上海: 上海音乐出版社, 2009, 4.

현재 논의되고 있는 시대곡의 음악적 특성을 간략하게 정리한다면, 시대곡의 개척자인 리진후이에 대한 일관된 주장과 시대곡이 재즈의 영향을 받아 1930년대부터 새롭게 탄생한 대중가요라는 점은 이미 학계에서 논증된 사실이다. 하지만 조금 더 상세하게 들여다보면 몇 가지 추가적 특징들을 더 확인할 수 있다. 첫째, 재즈풍 시대곡 외에도 동일한 시기에 유행한 곡들이 크게 두 가지 형식이 더 있다는 점이다. 하나는 1931년 만주사변으로 시작하여 1937년 중국에 대한 일본의 침략과 내전이 본격화되면서 혁명의 수요로 시작하여 각 혁명근거지에서 탄생하고 유행한 신민가(新民歌)이고, 다른 하나는 시대곡과 같이 상하이에서 유행한 항일구국(抗日救国) 음악과 인민들의 투쟁열정과 서민(여성)들의 애환을 담은 서정가곡이 그것이다.

단, 각 혁명근거지에서 유행한 신민가는 본 절의 논의 범주에 포함하지 않는다. 해당 내용은 마지막 장에서 중국의 신민가와 한국의 신민요를 비교하는 과정에서 보다 구체적으로 논의될 것이다. 여기서 논의할 것은 초창기 서양음악의 영향과 일본을 거쳐 다시 중국에 자리잡게 된 학당악가(学堂乐歌), 유럽과 미국의 영향을 받은 '학원파'들이 귀국하여 창작한 성악 장르의 가곡이다. 이는 당시 상하이 시민들의 생활과 염원을 담았을 뿐만 아니라 대중적으로 인기를 끌었고 오늘날까지도 널리 애창된 곡들이기 때문이다.

다음은, 중국 본토 연구자들의 자료 및 악보집을 보면 이러한 성악 장르의 가곡들도 똑같이 노가 및 시대곡 곡집(曲集)에 혼용되며 소개되고 있다는 점이다. 마지막으로, 당시의 시대곡 작곡가, 가수들이 사랑을 주선율로 한 대중가요를 만들어서 불렀고 동시에 서양의 성악 발성을 기초로 한 서민 생활을 반영하고 혁명을 고취하는 예술가곡도 대량 생산하며 소비했다는 점이다.

이런 사실들을 근거로 '노가' 또는 '시대곡'이란 용어는 상하이에서 시작되어 홍콩, 타이완을 거쳐 다시 중국 본토로 이동했다는 점을 충분히 그려볼 수 있다. 그리고 당시 유행가 작곡가들이 재즈의 영향을 흡수한 대중가요를 만들면서도 혁명적 투지를 불러일으키는 혁명가곡도 동시에 흥행시켰다는 현실성을 고려하여 상하이 대중가요의 판도를 크게 두 개의 영역으로 나뉘어 볼 수 있다. 한편으로는 청춘남녀의 사랑, 도시인의 오락적 수요를 충족시키는 유행가요가 있다면 또 한편으로는 사회의 문제점을 고발하고 일본의 침략에 맞서 애국심을 고취하는 내용을 담은 가요가 공존했다는 사실을 확인할 수 있다.

2. 학당악가와 재즈의 장르적 혼종

20세기 초, 서양의 다양한 음악 장르와 양식이 중국에 유입되기 시작하면서 점차 대중에게 보급되었다. 그렇다면 상하이 시대곡의 음악적 혼종성을 논의하기에 앞서, 이러한 서양음악이 어떤 경로를 통해 중국에 들어왔으며, 초기 대중음악의 형성에 어떤 영향을 미쳤는지를 먼저 살펴볼 필요가 있다. 이를 위해, 중국 최초의 시대곡은 언제, 누구에 의해 만들어졌는가라는 질문을 던지고, 그에 대한 근거를 찾아보자.

중국 연구자들의 기록에 따르면, 최초의 시대곡은 1927년, 중국 대중음악의 선구자 리진후이(黎錦輝)가 작곡한 〈가랑비(毛毛雨)〉로 알려져 있다. 이 곡은 중국 대중에게 '대중음악'이 어떤 것인가를 하루아침에 깨닫게 만든 획기적인 곡으로 평가되고 있다.[6] 리진후이는 당시 상하이를 중심으로 성장하고 있던 도시 오락문화산업의 수요를 정확하게 파악하고 그에 알맞은 콘텐츠를 공급함으로써 중국 대중음악 초창기의 대표적인 인물로 자리 잡게 되었다.[7] 반대로 최근 들어 일부 학자들이 이에 반론하는 연구도 빈번히 출현한다는 점이 특기할만하다. 이들은 20세기 초 일본 유학파 음악가들이 창작한 양악의 산물인 '학당악가(學堂樂歌)'야말로 중국 최초의 '유행가곡'이란 점을 제시하여 학계의

---

6) 위아이칭 저, 이용욱 · 구성철 역, 《대중음악으로 이해하는 중국》, 고양: 학고방, 2005, 209.

7) 김태연, 〈1930년대 黎錦暉 비판과 중국 대중음악의 분화〉, 中國現代文學 제86호, 2018, 297.

관심을 받고 있다.[8]

이런 사실들을 근거로 서양음악의 유입경로와 장르 및 음악적 요소에 대해 조금 더 상세하게 들여다보면, 1898년 캉여우웨이(康有爲)는 청나라 광서황제에게『請開學校折』란 상소문을 올리면서 "멀리로는 독일을 따라 배우고 가깝게는 일본을 따라 배워 학제를 정해야 한다"[9]며 과거제도를 폐지하고 신식학당을 설립할 것을 적극적으로 주장한 바가 있다. 이로부터 서양음악을 제창하거나 음악학교를 설립하고 음악교육을 중시해야 한다는 분위기가 고조되기 시작하였다. 이런 분위기 속에서 당시 청나라 정부는 통치기반을 유지하기 위해 유럽과 미국, 특히 일본의 교육제도와 음악교육도 도입하는 조치들을 실시하였다.[10]

여기서 주목해야 할 것은 이 시기에 중국의 많은 음악도들이 일본 유학을 하기 시작했다는 점이다. 대표적인 인물로 '학당악가'의 개척자인 선신궁(沈心工), 정즈민(曾志忞), 리수퉁(李叔同) 등을 꼽을 수 있다. 이들은 일본의 음악교육 경험을 중국에 도입하여 '신음악'의 길을 개척하였을 뿐만 아니라 중국 학당악가 발전에도 결정적인 영향력을 발휘했다.

'신음악'은 근대부터 적용한 용어로, 중국 전통음악과 다른 새로운 음악양식이라는 점을 강조한 개념이다. 1904년 정즈민이 펼친『악전교과서(樂典敎科書)』에서 제시한 "중국을 위해 신음악을 만들자"란 글에서 알 수 있듯이 '신음악'은 곧 '학당악가'를 의미하고 있었다.[11] 이렇게

---

8) 徐中原, 〈20世纪初西乐学堂乐歌为我国早期"流行歌曲"考论〉, 艺术研究 5, 2020, 43-44.

9) 汪毓和,《中国近现代音乐史》, 北京: 人民音乐出版社, 2009, 44.

10) 민경찬·장전·야스다 히로시·류인옥·김성준,《동아시아와 서양음악의 수용》, 서울: 음악세계, 2008, 240.

11) 赵方晨, 〈论学堂乐歌在中国近现代音乐史上的重要地位〉, 戏剧之家 23期,

20세기 초 신음악 발전의 첫 단계로, 학당악가 및 이와 일맥상통한 중국 교가(學校歌曲)[12] 또한 1930~40년대의 유행가곡의 준비 역할[13]과 근대 음악교육의 발전에 적극적인 촉매 역할을 하였다는 점에 주목할 필요가 있다.

학당악가의 주요 창작 방식은 일본, 유럽과 미국의 곡조를 그대로 옮기거나 수정을 거쳐 그 선율의 성격과 형식 특징에 근거하여 상응한 새 가사를 얹는 것이다. 대표적인 것으로 〈면녀권(勉女權)〉, 〈중국남아(中國男兒)〉 등은 일본가곡의 선율을 인용하였고, 〈춘유(春游)〉, 〈송별(送別)〉 등은 서양 종교음악의 선율을 절묘하게 배합한 것이다. 그 외 〈상과(上課)〉, 〈여혁명군(女革命軍)〉 등은 중국 전통민족음악의 곡조를 인용하여 새롭게 만들어진 것이다.[14]

이러한 작품들은 적극적으로 애국주의, 여성해방과 신문화를 탐구하는 내용으로 배사하여 학생, 군인, 민중 속에 광범위하게 보급되었다. 통계에 따르면 20세기 초부터 1918년까지 불과 10여 년 사이에 모두 50여 권의 창가집이 출판되었다. 이러한 창작방식의 특징과 성과들을 종합해볼 때, 이 시기의 가사 창작 및 시가(詩歌) 언어 특징에 대해 결코 간과할 수 없다. 학당악가의 대표 음악가 선신궁이 편찬한 『학교창가집(제1집)』에서 언급한 글을 보면 이에 대한 답을 찾을 수 있을 것도 같다.

2021, 89.

12) 1912년 '학당(學堂)'이 '학교(學校)'란 명칭으로, 1922년 "임술학제(壬모學制)"에서는 '악가(樂歌)'를 '음악(音樂)'이란 교과목으로 명칭을 바꾸었다. 王勇·鲍静, 《海上留声-上海老歌纵横谈》, 上海: 上海音乐出版社, 2009, 5.

13) 王勇·鲍静, 《海上留声-上海老歌纵横谈》, 上海: 上海音乐出版社, 2009, 6.

14) 邢慧雯, 〈学堂乐歌~中国近代音乐的开端〉, 文化月刊 (12), 2019, 140.

창가는 세 가지로 나눌 수 있는데 그 중의 한 가지가 바로 곡조가 평이하고 가사 내용이 통속적이며 흔히는 언문(言文)일치에 유희까지 곁들여 아동들의 심리에 부합되게 함으로써 유치원이나 보통 소학당에서 모두 사용할 수 있다.[15)]

정즈민도 "학교 가사는 가장 통속한 문자로 심오한 뜻을 체현하여 문장으로 엮어야 한다. 우아하기보다 통속적이어야 하고 직설적이어야 하며 미사여구로 나열하기보다는 자연스러워야 하며 고상하고 고풍스럽기보다는 유창해야 한다."[16)]고 지적한 바 있다. 음악학자 첸런캉(錢仁康)은 2001년『학당악가고원(學堂樂歌考源)』에서 '학당악가'는 신시(新詩)의 시초이고 구체시(舊體詩)를 넘어 새로운 시가(詩歌)로서의 언어체계를 세웠고 중국의 문학, 음악, 미술 및 영화창작에 적극적인 역할과 영향을 끼쳤다는 역사적 가치를 제시하였다. 이는 매우 흥미로운 현상으로, 똑같은 선율이라 할지라도 가사 내용과 가창 방법이 다름에 따라 완전히 다른 성격과 분위기 즉 중국의 당시 사회현상을 반영한 노래로 연출했다는 점이다. 그럼 중국 최초의 시대곡이라 주장한 〈가랑비〉의 가사를 살펴보기로 하자.

毛毛雨, 下個不停 보슬보슬비 쉬지 않고 내려요
微微風, 吹個不停 산들산들바람 쉬지 않고 불어와요
微風細雨柳青青 산들바람 불고 가랑비 내리니 버들잎이 푸릇푸릇해요
哎喲喲, 柳青青 에헤라, 푸릇푸릇해요 (생략)

이처럼 가사의 일부만 보더라도, 리듬감과 운율이 효과적으로 조화

15) 민경찬·장전·야스다 히로시·류인옥·김성준,《동아시아와 서양음악의 수용》, 서울: 음악세계, 2008, 246.

16) 위와 동일함.

를 이루고 있음을 알 수 있다. 특히 동일한 글자 수의 반복을 통해 형성되는 리듬감과 친밀감은, 당시 학당악가(學堂樂歌)의 배사(排詞)적 특징을 반영함과 동시에, 청중이 쉽게 따라 부를 수 있는 구조를 갖추고 있다는 점에서 주목할 만하다. 그는 쉬운 백화문(白話文)을 바탕으로, 중국 고대 애정 시사(愛情詩詞)의 어휘를 절묘하게 혼합한 새로운 형태의 사랑 노래를 창작해낸 것이다.[17] 게다가 민가에서 흔히 쓰이는 '에헤라(哎喲喲)' 같은 추임새를 삽입하여 기존 민가의 선율과 정감을 살려 표현하였다. 이는 작곡가 리진후이의 당시 아동음악창작의 경험과 학교의 교육경력을 되돌아보아야 할 필요성을 가지게 하는 대목이다.[18] 이 또한 훗날 시대곡이라는 장르를 개척하는 데에 직접적인 배경이 된[19] 것으로 추론할 수 있다.

그렇다고 해서 〈가랑비〉를 대중가요가 아닌 민가(民歌)로 단정짓는 것은 분명 설득력이 부족하다. 비록 이 곡이 강남(江南) 민가의 곡조에 가사를 얹은 점에서는 학당악가의 창작 특성을 어느 정도 계승하고 있지만, 리진후이의 편곡에는 기존의 학당악가와는 확연히 구별되

17) 黎錦暉, 1982, 124-125.

18) 리진후이의 경력을 추적해보면, 1920년에 중화서국편집소 국어문학부장, 국어전수학교 교장과 『꼬마친구(小朋友)』 주간으로 활약하였으며, 또 중화가무전과학교를 건립하고 교장을 겸임하였다. 1928년에 중화가무단을 창설하고 남양에 가서 공연하였고 1929년 상하이에 돌아온 후 명칭을 고쳐 '명월가무단(明月歌舞團)'으로 칭하였다. 리진후이는 보통 음악교육 개혁과 국어보급 활동에 종사하면서 학당악가의 보급에 동참하였으며 이러한 신음악의 창작방식을 아동가무극 창작에 적극 적용하였다. 1920년대에 그가 쓴 12부의 아동 가무극과 24수의 아동 가무곡에서 중국 전통음악의 민가, 소조, 곡패(曲牌)를 소재로 재인용하는 방식 또한 학당악가의 "가져오기"의 방식을 따른 것이라 할 수 있다.

19) 项筱刚, 〈20世纪20-40年代的中国流行音乐〉, 中国音乐学 第一期, 2010, 97.

는 재즈적 요소가 결합되어, 세련되고 현대적인 감각이 더해졌기 때문이다. 당시 조계 지역의 중심가를 따라 무도장이 기하급수적으로 늘어났고, 사람들은 악단의 연주나 유성기 음반에 몸을 맡긴 채, 화려한 무도장 홀에서 감각적인 재즈 선율[20]을 즐겼다. 가로등과 네온사인은 도심의 야경을 더욱 화려하게 장식하며, '밤이 없는 도시(不夜城)'라는 상하이의 상징적 이미지를 형성하였다.[21] 이와 관련된 정황은 주정핑(朱争平)의 『올드 상하이 재즈 음악(老上海的爵士乐)』이란 글에서 좀 더 구체적으로 확인할 수 있다.

> 재즈 음악은 1920년대 미국 남부도시 뉴올리언스(New Orleans)에서 중국 상하이에 유입된 것이다. 1923년 미국인 오즈번(E.G. Osborn)이 상하이에서 최초의 라디오방송국(Radio Corporation of China) - ECO를 창립하였다. 이는 재즈 음악이 상하이에서 발전할 수 있는 중요한 역할을 하였다.[22]

오즈번은 미국에서 가져온 재즈 음악을 상하이 전역에 울렸으며 이는 상하이 시민들에게 처음으로 새로운 음악 양식을 접하게 하였다.[23] 재즈 음악은 이처럼 상하이에 전파되는 과정에서 점차 현지화되었으며, 자체적인 변형을 거쳐 고유한 양상으로 발전해 나갔다. 이후 재즈의 전성기에는 미국, 러시아, 필리핀 등지에서 온 해외 음악인들이 상하이 무대에서 활발히 활동하였다. 특히 미국 출신의 재즈 트럼펫 연주자 벅 클레이튼(Buck Clayton)의 활동은 당시 상하이 재즈계에 지대한 영향을 끼쳤다.

---

20) 김수연, 〈소리 미디어와 근대 시공간〉, 중국현대문학 제44호, 2008, 157.

21) 김승욱, 〈근대 상하이 도시 공간과 기억의 굴절〉, 中国近现代史研究 제41호, 2009, 124.

22) 朱争平, 〈老上海的爵士乐〉, 新民晚报, 2013, B02版.

23) 钱彤, 〈20世纪早期爵士乐在上海的兴起与传播〉, 文艺争鸣 3, 2015, 197.

리진후이를 비롯한 많은 작곡가와 가수들이 재즈로부터 깊은 영향을 받았고, 이는 시대곡의 전성기를 이끌어내는 데 중요한 계기가 되었다.

〈가랑비〉의 성공과 1929년에 발표된 『가정애정가곡(家庭爱情歌曲)』 100수를 통해, 리진후이는 서양 대중음악인 재즈와 중국인들에게 익숙한 민가를 결합한 중국식 대중음악, 즉 이른바 '시대곡'의 시대를 열었다.[24] 이러한 사회적 분위기 속에서, 민가의 곡조와 외국의 상업적 댄스 음악이 결합된 이른바 '리파(黎派) 가무풍격'이 형성되었다.[25] 이러한 시대곡은 조성과 가사에서는 중국적인 특성을 유지하고 있었지만, 화성 진행, 리듬, 곡 형식, 악기 편성 등의 측면에서는 1930~40년대 미국의 스윙 재즈 음악의 특징[26]을 반영함으로써, 점차 혼종성이 나타나기 시작한 것으로 보인다.

한편, 학당악가와 교가가 보급되고 재즈 음악이 상하이에서 새로운 음악 열풍을 예고하던 시기에, 샤오여우메이(蕭友梅), 황즈(黃自), 자오웬런(趙原任) 등 '학원파(學院派)' 음악가들이 귀국하였다. 이들은 기존의 "선율에 가사를 얹는" 학당악가 창작 방식을 과감히 탈피하고자 하였으며, 새로운 성악 장르인 가곡 창작과 전문 음악 교육에 새로운 국면을 열었다.

1927년 11월, 중국은 처음으로 전문 음악 교육 기관인 상하이 국립음악원(1929년 상하이 국립음악전문학교로 명칭 변경)을 설립하였다. 이 기관은 독일의 음악 교육 체계를 도입하여 설립한, 중국에서 규모가 가장

24) 김태연, 〈黎錦暉와 時代曲의 탄생〉, 中國現代文學 제66호, 2013, 14.

25) 伍春明, 2010: 132-133.

26) koufan · 홍성규, 〈20세기 전반기 상해의 재즈음악 발전 양상에 대한 고찰〉, 문화와 융합 제42권, 2020, 27.

크고 비교적 완비된 독립적인 전문 음악 교육 기관이었다. 이 학교의 교원 대다수는 유럽 또는 미국 유학 출신이며, 외국 교수들도 상당수 포함되어 있었다.[27] 이러한 전문 음악 교육 시스템과 서양 전문 음악 교육을 받은 유학파들의 귀국이 잇따르면서, 학당악가의 쇠퇴는 이미 예고[28]된 것으로 평가할 수 있다.

1930년대는 식민지 체제의 모순이 극대화되는 한편, 대중음악이 본격적으로 대중 속으로 확산되기 시작한 시기였다. '레코드의 황금시대'로 불리는 이 시기에는 연극배우 출신 여가수들의 인기가 정점을 찍었고, 인기 가수를 스카우트하기 위한 음반 회사 간의 경쟁이 치열하게 벌어졌다.[29] 이는 상하이의 빠르게 변화하는 미디어 환경을 가장 집약적으로 보여주는 현상이기도 하다.

이처럼 상하이에서는 중국 민가풍 멜로디와 통속적인 가사, 재즈 스타일의 악기 편성과 반주를 특징으로 하는 시대곡과, 독일과 미국에서 유학한 '학원파'들이 주장한 좌익 색채의 성악 장르인 가곡(혁명가곡)이 공존하였다. 이러한 음악적 양상은 중국 초기 대중가요에 독특하고 혼종적인 분위기를 형성하는 데 기여하였다.

결과적으로 중국에서 가장 먼저 등장한 신음악인 학당악가는, 시대곡 〈가랑비〉보다 시기적으로 앞섰으며, 한때 왕성한 생명력을 자랑하며 중국 음악사에서 획기적인 역할을 수행하였다. 그러나 이 장르는

27) 민경찬·장전·야스다 히로시·류인옥·김성준, 《동아시아와 서양음악의 수용》, 서울: 음악세계, 2008, 259.

28) 杨思彬·杨博华, 〈浅析学堂乐歌的发展脉络〉, 北方音乐 9, 2020, 173.

29) 김은영, 〈1930년대 대중잡지에 투영된 여성 대중가수의 이미지〉, 음악과 민족 제 55호, 2016, 211.

일본을 경유해 수입된 것이며, 일본 선율을 거의 그대로 차용했다는 점에서 좌익 음악 세력으로부터 배척당한 것은 충분히 예상 가능한 일이었다.

또한 창작 형식과 음악적 측면에서 보더라도, 시대곡은 비록 배사(排詞)의 창작 방식에 있어 학당악가의 영향을 일정 부분 수용하였으나, 정치적 의도에서 벗어나 도시 생활과 청춘 남녀의 사랑을 진솔하게 노래했다는 점에서 차별성을 지닌다. 특히 리듬과 악기 편성에 재즈의 요소를 도입한 점은 주목할 만하며, 이에 대한 평가도 이루어져야 할 것이다.

더불어 리진후이에 의해 촉발된 시대곡의 대중적 붐은 악보 출판, 스타 가수의 등장, 방송국과 영화 산업, 댄스홀과 잡지 등 다양한 분야의 발전을 직접적 또는 간접적으로 이끌었고, 이러한 대중문화 산업의 성장 또한 역으로 시대곡과 중국 대중음악 전반의 발전을 더욱 가속화시켰다는 점에서 중요한 의의를 갖는다.

3. 전통 희곡과 벨칸토 창법의 융합

장르 혼용의 양상은 선율, 리듬, 악기 편성뿐만 아니라 창법에서도 뚜렷하게 나타난다. 따라서 본 절에서는 앞서 살펴본 서양 음악, 즉 학당악가, 재즈, 서양 가곡의 유입 사례와 창작 특성의 연장선상에서, 시대곡 창법의 혼종적 특징을 중심으로 고찰한다.

창법은 장르의 정체성을 규정하는 데 있어 가장 핵심적인 요소 중 하나이다. 먼저, 앞서 언급한 바와 같이 학당악가는 정치적 목적 아래 활용되었으며, 그 과정에서 서양의 합창 양식을 도입하여 중국 사회에서 화성적 미감과 다성음악의 기초 형성에 기여하였다. 이와 동시에, 재즈 음악과 서양 성악 양식의 유입은 상하이 유행가 가수들에게 다양한 발성법의 수용을 요구하였고, 이들은 새로운 창법을 실험하며 시대곡만의 독자적인 발성 스타일을 구축해 나갔다.

이러한 경향을 보다 구체적으로 살펴보기 위해, 시대곡의 전개를 초기(1927~1936), 중기(1937~1945), 후기(1945~1949)의 세 시기로 나누어 창법의 발전 양상과 그 특성을 분석해보고자 한다.

첫째, 중국 전통음악의 창법을 고수하는 것이다. 1930년대는 리진후이의 "명월가무단" 소속의 '국보급' 가수들이 상하이에서 최고의 전성기를 누리고 있을 때이다.[30] 당대 최정상에 오른 리밍후이(黎明輝), 왕런메이(王人美), 리리리(黎丽丽), 쉐링시엔(薛铃仙), 바이홍(白虹)[31] 등 가무 배

30) 王勇, 2009, 15.

31) 伍春明, 2009, 60.

우와 중국의 국가(国歌)를 작곡한 녜얼(聂耳), 리진광(黎锦光) 등 재능이 넘치는 젊은 '학원파' 작곡가를 들 수 있다. 당시에는 아직 체계적인 창법이 형성되지 않았기 때문에, 대부분의 가수들은 중국 전통 창법의 여러 갈래, 특히 민가와 희곡의 창법에서 다양한 기교를 차용하였다. 이 가운데 희곡, 특히 경극(京劇)은 오랜 봉건 시대를 거치며 서민 예술로 출발하였지만, 점차 황실과 귀족층까지 포괄하는 중국의 대표적인 대중예술 장르로 자리매김하였다.[32] 20세기 초, 산업화의 핵심 기지로 급부상한 상하이에는 무려 100여 개에 달하는 희곡극장이 존재하였고, 총 관객석 수는 10만 석을 넘었다.[33] 이는 상하이에서 '하이파(海派) 경극'이 전성기를 맞이하였음을 보여주는 대표적인 사례라 할 수 있다.[34]

희곡 공연 시장이 급속히 확대되던 이 시기는, 경극계 내부의 생존 경쟁 역시 그만큼 치열할 수밖에 없었던 시기였다. 실제로 1904년에는 중국 최초로 희곡 개량을 전문적으로 촉진하는 문예지인 『이십세기대무대(二十世紀大舞台)』가 창간[35]된 점을 보더라도 희곡 예술이 중화 민족의 전통 심리를 형성하고 계몽하는 데 있어, 다른 예술 장르로는 대체할 수 없는 중요한 역할을 수행했음을 보여주는 사례라 할 수 있다. 이와 같은 문화적 흐름은 당시 청나라 정부를 풍자하고 국가의 앞날

---

32) 이유갑·민재홍·오제중·윤창준·장재웅, 《테마로 중국문화를 말하다》, 고양: 학고방, 2016, 146.

33) 褚秋艳, 〈20世纪早期上海京剧营销初探〉, 戏曲研究 77, 2008, 329.

34) '하이파' 경극은 '상하이 경극'이라는 의미로, 베이징에서 탄생하여 서민예술로 자리 잡은 '경극(京劇)' 용어와 구분하고자 하는 의도가 담겨 있고 나아가 경극이 1867년 상하이에 정착하면서 상업문화와 결합하여 새롭게 발전한 경극 양식이라는 점을 부각하고 있다. 倪君, 〈20世纪初海派京剧中的外国戏与"五四"精神〉, 文化艺术研究 13, 2020, 89.

35) 路应昆, 〈20世纪上半叶戏曲种类演化趋向略谈〉, 戏曲研究 116, 2021, 5.

에 대해 우려하는 상하이 계몽자 계열에 경극 종사자들[36]의 결정적 역할과 갈라놓을 수 없을 것이다.

이처럼 1920년대의 시대곡은 전통 민요와 희곡 창법을 기반으로 한 가창 스타일이 주를 이루었다고 추론할 수 있다. 그 대표적인 예로, 리밍후이(黎明晖)가 부른 〈가랑비〉의 창법을 살펴볼 수 있다.

이 곡은 1927년에 작곡되어 1928년 음반으로 출시되었으며, 시대곡의 전성기를 여는 계기가 되었다. 그러나 리밍후이의 창법에 대한 분석은 지금까지 학계에서 활발히 논의되지 못하였다. 대부분의 기술이, 그녀가 전통 민요 창법을 그대로 계승했다는 수준에 머물러 있기 때문이다. 이러한 해석은 일부 연구자들이 〈가랑비〉를 중국 최초의 유행가(時代曲)로 보는 데 반론을 제기하는 주요 근거가 되기도 한다.

실제로 리밍후이는 민족 창법, 특히, 산가(山歌)의 풍미와 음색이 "높고(高), 밝고(亮), 가늘고(尖), 단단하다(硬)"는 희곡(경극)의 발성 색채를 가미하였다.[37] 경극의 발성은 두강(头腔) 공명을 강조하다 보니 소리가 상대적으로 가늘고 특히, 고음에서 찢어지는 듯한 소리를 내는 특징이 있다. 당시 많은 문예계에서 이런 창법을 "계묘자강(鸡猫子腔)", 즉 "닭이나 고양이의 목을 조르는 듯한 소리" 같다는 뜻이다. 당시 상하이에서 주류역할을 했던 경극산업의 흥행으로 미뤄봤을 때, 이러한 창법은 자연스러운 결과로 볼 수 있다. 그러나 시간이 지남에 따라 이러한 발성은 점차 시대적 흐름에 부합하지 않는 것으로 간주되었으며, 시대곡

36) 倪君, 〈20世纪初海派京剧中的外国戏与"五四"精神〉, 文化艺术研究 13, 2020, 90.

37) 徐中原, 〈20世纪初西乐学堂乐歌为我国早期"流行歌曲"考论〉, 艺术研究 5, 2020, 47.

가수들에게도 부정적인 평가로 이어지게 되었다.

둘째, 서양 성악 발성법의 수용이다. 1930년대 상하이는 중국 음반 산업의 중심지이자, 라디오 방송과 영화 산업의 핵심 기지로 급부상하였다. 특히 1928년, 중국 최초의 유성영화인 《가녀 홍무단(歌女紅牡丹)》이 제작된 이후, 유성영화 삽입곡들이 대중의 큰 호응을 얻기 시작하면서, 유행가와 영화음악 간의 상호작용은 1930년대 중국 음반계에서 새로운 음악 컨텐츠를 왕성하게 생산해내었다.[38] 이러한 대중문화의 팽창은 자연스럽게 서양식 성악 발성법의 유입과 실험을 가능하게 했다. 특히 영화 삽입곡을 부르는 가수들은 보다 감정 전달에 효과적인 서양식 창법~예컨대 벨칸토나 마이크 창법을 수용하게 되었으며, 이는 시대곡 창법의 새로운 전환점을 마련하였다.

한편, 1931년 일본의 상하이 침공 이후 상하이 영화계는 애국주의 정서를 가미한 좌익 색채의 영화로 점차 재편되었다. 이로 인해 1920년대 문명화 전통에 기반한 오락 중심의 영화는 점차 퇴조하고, 사회비판 의식을 담은 혁명적 영화가 주류로 부상하게 되었다.[39] 이러한 시대적 변화는 시대곡의 가사 내용뿐 아니라, 감정 전달 방식에도 영향을 주며, 보다 진지하고 서정적인 창법의 필요성을 자극하였다.

이에 많은 '학원파' 음악가들이 창작에 합류하기 시작하여 '리진후이식'의 시대곡과 차별화한 중국 예술가곡의 전신으로 불리게 되는 '학원파 시대곡'이 탄생하게 된 것이다. 조국이 처한 상황과 앞날에 대한

38) 김태연, 2007, 286.

39) 박자영, 〈좌익영화의 멜로드라마 정치-1930년대 상하이 대중문화 형질〉, 중국현대문학 제33호, 2003, 194.

염려 등을 담은 시를 바탕으로 여기에 음악을 붙인 악가 양식을 이어받은 것은 물론, 당시 가장 시장이 컸던 영화음악의 형식을 빌려, 예술적 완성도를 높였기 때문에 대중들 사이에서 폭넓게 유행할 수 있었다. 그 예로 〈어광곡(漁光曲)〉, 〈사계가(四季歌)〉, 〈천애가녀(天涯歌女)〉, 〈춘천리(春天里)〉 등 서정적인 가곡이 대표적이다. 비록 진보적인 예술가들이 '리파 음악'을 곱게 보지는 않았어도, '리파 음악'의 유행 속에서 악기 배합의 조화와 풍성함, 민요 풍격의 가락 등과 같은 장점을 흡수하려고 노력했다.[40] 더불어 이 시기에 미국과 프랑스에서 성악을 전공하고 귀국한 저우수안(周淑安), 위이쉬안(喻宜萱), 랑위슈(郎毓秀), 저우샤오옌(周小燕) 등 '학원파' "4대 명단(사대명단)"으로 일컫는 성악가들의 영향도 아주 컸다.

20세기 초반 중국의 대중문화 전반을 상징하는 인물로, 저우쉬안은 '황금의 목소리(金嗓子)' 또는 그녀가 출연한 영화의 제목이기도 한 '천애가녀(天涯歌女)'라는 별명으로 시대곡의 가장 대표적인 가수로 자리매김하고 있다. 그녀가 부른 진보 영화의 삽입곡 〈사계가〉, 〈천애가녀〉, 〈하일군재래(何日君再来)〉 등 곡들은 오늘날까지도 최고의 성과로 평가된다.

그녀는 1930년대부터 1940년대까지 시대곡의 대중화를 선도한 인물이었으며, 음악과 영화가 결합된 새로운 대중문화의 흐름 속에서 중심적인 역할을 했다. 특히 당시의 영화음악과 음반 산업의 발달과 함께, 저우쉬안의 가창은 시대의 정서를 대변하는 독특한 감성으로 받아들여졌다. 이는 영화와 음반이라는 새로운 기술에 기반한 문화산업이 새

40) 위아이칭 저, 이용욱 · 구성철 역, 《대중음악으로 이해하는 중국》, 고양: 학고방, 2005, 212.

로운 형식의 컨텐츠를 받아들이고 소비자들에게 유통시키는 새로운 메커니즘의 일면을 엿볼 수 있는 단락이다.[41]

저우쉬안의 음색은 맑고 투명하며 가창은 특히 완곡하고 달콤했다.[42] 그녀의 창법은 전통적인 민요풍 창법에 서양 벨칸토 발성기법을 접목한 것으로, 청아한 음색과 섬세한 감정 표현을 특징으로 한다. 이는 후에 '기성창법(气声唱法)'이라 불리며, 마이크를 활용한 현대적 창법의 시초로 평가되기도 한다. 이러한 창법은 당시 대중들에게 새로운 청각적 경험을 제공하며 폭넓은 인기를 끌었다.

다만 저우쉬안의 생애와 음악적 성취, 그리고 그녀의 창법이 당대 문화산업과 어떤 방식으로 맞물려 있었는가에 대한 구체적인 논의는 다음 장에서 보다 심층적으로 살펴보고자 한다. 본 장에서는 그녀가 대중문화사에서 갖는 상징성과 선도적 위치를 중심으로 간략히 개관하는 데 그친다.

셋째, 시대곡의 성숙기인 1940년대 중후반은 중국 전통 희곡, 재즈풍 시대곡, 그리고 성악 장르인 가곡이 공존하면서 대중음악의 다원화가 본격적으로 이루어진 시기라고 할 수 있다. 이 시기에는 기존의 맑고 달콤한 음색과는 구별되는 훈훈한 저음과 다채로운 발성을 구사하는 가수들이 등장하였다. 특히 바이광(白光)은 전통 민가의 발성법, 서양 가곡 창법, 그리고 미국의 팝·블루스·샹송 등 다양한 서양 음악의 발성 기법을 혼합하여, 공명 기법의 복합적 적용을 통해 깊고 풍부한 음색을 선보였다.

41) 黎錦暉, 1982, 125.

42) 王宇, 〈二十世纪三四十年代上海流行歌曲研究〉, 河北大学硕士论文, 2014, 28.

1940년대 전국적으로 큰 인기를 끈 〈장미, 장미, 사랑해(玫瑰玫瑰我愛你)〉라는 곡은 배우 겸 가수 야오리(姚莉)의 대표곡으로, 빅밴드 스타일의 악기 편성과 미국 스윙재즈의 리듬을 채택하여 댄스홀 문화의 시장 수요를 적극 반영하였다. 이같은 창작 방식은 여전히 당시 시대곡 창작 전략으로 불변한 주제였다.[43] 야오리의 훈훈한 중저음과 블루스(blues) 창법, 스윙재즈의 절묘한 조화로 이 곡은 1951년 미국에서 〈Rose Rose I Love You〉라는 영문 버전으로 번역되고 frankie laine이 불러 크게 유행할 정도로 중국 최초의 국제적 영향력이 있는 유행가로 꼽힌다.[44]

항일전쟁이 고조되면서, 성악 장르인 혁명가곡은 좌익 음악인들의 강력한 주도 아래 점차 체계화되기 시작하였다. 이들은 기존의 재즈풍 대중음악을 '황색가곡(黃色歌曲)'이라 명명하며 퇴폐적이고 부도덕한 음악으로 규정하고, 분명한 경계선을 그으려 하였다. 이러한 문화정책은 대중음악의 이념적 정화를 시도한 것이었으며, 이후 시대곡의 입지는 점점 좁아지게 된다.

그럼에도 불구하고, 현실에서는 여전히 성악 가수들이 재즈풍 시대곡을 부르거나, 대중음악과 혁명가곡을 넘나드는 이중적 활동이 지속되었다. 그러나 1949년을 기점으로 상하이를 중심으로 한 시대곡은 사실상 완전히 청산되었으며, 그 자리를 좌익 음악인들이 주도하는 혁명가곡과 서정가곡, 그리고 민족창법 기반의 성악 장르가 대체하게 된다.

흥미로운 점은, 이러한 좌익 성향의 가곡 역시 당시 대중의 폭넓은 사랑을 받았다는 사실이다. 이는 중국 대중들이 다른 국가의 국민들

---

43) 李音蓓, 〈上海时代曲的爵士风格研究〉, 音乐艺术 3, 2019, 61.

44) 李音蓓, 〈上海时代曲的爵士风格研究〉, 音乐艺术 3, 2019, 54.

에 비해 애국주의적 성향을 내면화할 수밖에 없는 독특한 문화적·정치적 환경에 놓여 있었음을 보여주는 지점이라 할 수 있다.[45)]

45) 이경하, 〈중국 대중가요 속의 '中華主義' 욕망~21세기 '中國風' 가요를 중심으로〉, 中國語文學誌 41호, 2012, 150.

제2장
저우쉬안(周璇) — 노래, 영화, 그리고 사랑

저우쉬안

"나는 노래를 사랑한다. 내 생명을 사랑하는 것보다 더 깊이 사랑한다. (중략) 나는 단 하루도 노래와 떨어져 지낸 적이 없다."

-저우쉬안

1. 왜 저우쉬안인가?

1930~40년대 상하이는 유행가와 영화산업이 동시에 융성하던 황금기로, 수많은 여성 스타들이 등장한 시기였다. 바이훙(白虹), 궁추샤(龔秋霞), 야오리(姚莉), 리샹란(李香蘭), 바이광(白光), 우잉인(吳鶯音) 등과 더불어 저우쉬안은 이른바 '7대 가후(歌后)'[46]로 불리며, 당시 대중음악의 전성기를 이끈 주요 인물로 평가받는다.

"20세기 전반 수많은 중국 여성 가수들 가운데, 왜 하필 저우쉬안인가?"

앞에서도 서술했듯이, 필자가 특히 저우쉬안에 주목하게 된 계기는, 최근 중국 근대 대중음악을 주제로 한 공연 참여 요청에서 비롯되었다. "상하이 옛노래"라는 제목의 공연과 대담 프로그램에 초청되어 관련 자료를 조사하던 중, 저우쉬안의 노래와 목소리를 다시 마주하게 되었다. 오래된 아날로그 음원 속에서 울려 퍼진 저우쉬안의 맑고 부드러운 음성은 장르적 경계를 넘나드는 독특한 음악적 색채를 지니고 있었다. 서양의 벨칸토와 중국 전통 발성이 절묘하게 어우러진 그녀의 창법은, 단순한 감상의 차원을 넘어 "왜 저우쉬안의 노래는 시대와 공간을 초월해 여전히 회자되는가"라는 질문으로 이어졌고, 이는 본 연구의 핵심적인 탐구 동기로 작용하였다.

우선, 저우쉬안에 대한 재조명은 2000년대 이후 그녀의 삶과 음악

46) 신현준 · 김태연, 〈상하이 7대가후(上海七大歌后)'와 '시대곡(時代曲)'의 해부학-1940년대 중국 대중음악의 휘황기(輝煌期)에 대한 再考〉, 중국현대문학 제106호, 2023, 2.

세계를 다룬 다양한 출판물과 학술 연구들이 활발히 이루어지고 있다는 점에서 분명하게 드러난다. 예를 들어, 2000년 홍콩에서 발행된 『時代曲的流光歲月(1930~1970)』 제2장 「輝煌的上海時期(1930–1948)」에서 황치즈(黃奇智)는 저우쉬안을 비롯한 궁추샤, 바이훙, 야오리를 "불후의 거성(不朽的巨星)"으로 지칭하며, 이들의 역사적 위치를 강조한다.[47] 이어서 2002년 상하이에서 출간된 천강(陈钢)의 『上海老歌名典』 제2장 「昨夜星辰 ~上海老歌星」에서는 저우쉬안을 '7대 가후(歌后)' 중 가장 먼저 서술함으로써, 그녀의 대표성과 위상을 부각시킨다.[48] 2004년 베이징 현대음악연구원의 쑨루이(孙蕤) 교수가 저술한 『中国流行音乐简史(1917~1970)』에서는 저우쉬안의 영화계 진출 시점을 중국 유행음악의 제2단계로 분류하며, 이 시기의 전환적 의미에 주목한다.[49]

또한, 2009년 왕융(王勇)과 바오징(鲍静)이 공동 집필한 『海上留声~上海老歌纵横谈』 제3장에서는 저우쉬안을 "중화권 음반의 제1인자(华人唱片第一人)"로 가장 먼저 소개한다.[50] 더 나아가, 2010년 베이징에서 출간된 우춘밍(伍春明)의 『"時代曲"與"救亡歌"的人文解讀』 제4장에서는 제2절 전체를 저우쉬안이라는 인물분석에 할애한 반면. 바이훙, 궁추샤, 야오리, 리샹란, 바이광, 우잉인 등 다른 여가수들은 하나의 절에 통합하여 서술하였다는[51] 점에서 차이가 두드러진다.

이외에도 일찍이 저우쉬안의 삶과 예술세계를 조망할 수 있는 회고

---

47) 黃奇智, 《時代曲的流光歲月(1930~1970)》, 香港: 三聯出版社, 2000.

48) 陈钢, 《上海老歌名典》, 上海: 辞书出版社, 2002.

49) 孙蕤, 《中国流行音乐简史(1917-1970)》, 北京: 中国文联出版社, 2004.

50) 王勇·鲍静, 《海上留声-上海老歌纵横谈》, 上海: 上海音乐出版社, 2009.

51) 伍春明, 《"時代曲"與"救亡歌"的人文解讀》, 北京: 人民出版社, 2010.

적 자료들도 존재한다. 왕쉐런(王学仁)의 『周璇遗产风波(1991)』, 자오스후이(赵士荟)의 『周璇自述(1995)』, 그리고 그녀의 두 아들이 각각 편찬한 『我的妈妈周璇(1987; 2002)』과 『周璇日記(2003)』는 저우쉬안의 생애를 보다 생생하고 개인적인 차원에서 이해하는 데 유용한 자료들이다.[52)]

더불어, 저우쉬안에 대한 학술적 연구 역시 중국의 CNKI(知网)를 통해 꾸준히 축적되고 있음을 알 수 있다. 대표적인 연구로는 왕융(王勇, 2009; 2014), 왕쓰쓰(王思思, 2019), 샹여우강(项筱刚, 2017; 2018; 2021), 왕췬(王群, 2008) 등의 학자들이 있으며, 이들은 저우쉬안의 음악적 유산과 문화사적 위치에 대한 이해를 확장하는 데 기여하고 있다. 한편, 국내 학계에서는 아직 저우쉬안을 중심으로 한 본격적인 연구는 드물지만, 그녀에 대한 부분적인 논의는 이루어지고 있다. 예컨대, 신현준과 김태연은 '7대 가후(歌后)'라는 개념과 음악적 특징, 저우쉬안을 포함한 네 명의 여성 가수에 대한 분석을 시도한 바 있다.[53)]

둘째, 저우쉬안은 사망 이후에도 지속적으로 사회적·문화적 화제의 중심에 있었다. 1957년 9월 22일, 저우쉬안은 37세의 나이로 상하이에서 생을 마감하였다. 공식적인 사인은 '급성뇌막염'으로 기록되었지만, 그녀의 죽음을 둘러싼 다양한 해석과 의문은 여전히 남아 있다. 2017년, 중국 BTV(北京卫视)의 《기억(记忆)》 다큐멘터리 프로그램은 "저우쉬

52) 王学仁, 《周璇遗产风波》, 北京: 法律出版社, 1991; 赵士荟, 《周璇自述》, 上海三联书店, 1995; 周伟·常晶, 《我的妈妈周璇》, 山西:山西教育出版社, 1987, 2002; 周民·张宝发·赵国庆, 《周璇日記》, 武汉: 长江文艺出版社, 2003.

53) 신현준, 〈가(歌)·요(謠)·곡(曲)의 해부학 1~근대 조선과 일본에서 대중음악의 용어들에 대한 고찰〉, 개념과 소통 제33호, 2024, 195-238; 신현준·김태연, 〈상하이 7대가후(上海七大歌后)'와 '시대곡(時代曲)'의 해부학-1940년대 중국 대중음악의 휘황기(輝煌期)에 대한 再考〉, 중국현대문학 106호, 2023, 1-42.

안 서거 60주년 기념(纪念周璇去世60周年)" 특별 대담을 마련했고, 이 프로그램에는 그녀의 차남 저우웨이(周伟)가 출연해 주목을 받았다. 방송에서 그는 어린 시절의 기억, 어머니의 죽음, 그리고 양부모와의 유산 분쟁 등 개인사를 공개하며 저우쉬안에 대한 새로운 관심과 해석을 불러일으켰다. 이후에도 저우웨이는 《비상설명(非常说明)》, 《비상고사회(非常故事汇)》, 《중방(重访)》 등 중국의 대표적인 토크 프로그램에 연이어 출연하며, 저우쉬안의 기구한 생애를 다시금 상기시켰다.

사실 1986년경, 저우웨이의 인터뷰를 통해 보도된 기사로 저우쉬안에 대한 관심을 부각시키며 대중의 주목을 받은 바 있다. 1986년 11월 8일, 상하이 『신민만보(新民晚报)』에 "저우웨이가 황중잉(黃宗英)에게 저우쉬안의 유산을 반환할 것을 요구하다"는 기사가 보도되었다. 이어 "내 어머니는 타인의 박해로 죽었다"는 내용의 인터뷰 기사가 공개되면서 팬들에게 놀라움을 안겨주었다. 이듬해에는 저우웨이가 편찬한 『나의 어머니, 저우쉬안』[54)]이 출간되어, 그녀의 비극적 생애가 다시금 많은 이들의 가슴을 울렸다. 저우쉬안의 비극적인 사망이 외부 요인에 의한 것이든 아니든, 그녀의 삶과 죽음은 단순한 개인사를 넘어 당대 사회가 안고 있던 복잡한 변혁과 갈등을 상징적으로 드러내는 사례로 해석될 수 있다.

셋째, 저우쉬안이 활동한 시기가 짧았음에도 불구하고, 현재까지 중국 근대 음악사에서 가장 많은 음반을 녹음한 가수라는 점에서 그 의미가 크다. 동시에 영화 출연작 수에서도 따라올 수 없는 최고의 기

54) 周伟·常晶, 《我的妈妈周璇》, 山西人民出版社, 1987(초판), 2002(재판).

록을 세운 것으로 확인된다.[55] 주목할 점은 저우쉬안이 당시 영화가곡[56]과 유행가곡, 두 장르 모두에서 독보적인 위치를 차지했다는 점이다.[57] 10대의 어린 나이에 가수로 데뷔한 저우쉬안은 건국 초기까지 무려 230여 곡을 발표하며 폭넓은 인기를 누렸다. 배우로서도 총 43편의 영화에 출연하였고, 그 중 26편의 영화에서 약 120곡의 삽입곡을 직접 불렀다.[58] 그녀가 부른 〈四季歌〉, 〈天涯歌女〉, 〈何日君再来〉, 〈夜上海〉 등은 모두 영화의 삽입곡이자, 오늘날까지도 그녀의 예술적 유산을 상징하는 대표 작품으로 널리 회자되고 있다.

넷째, 저우쉬안에 대한 본 연구자의 관심은 개인적인 음악적 취향과도 깊이 연결되어 있다. 성악을 전공한 연구자는 특히 그녀의 창법에 주목한다. 저우쉬안의 노래를 직접 소개하고 재현한 경험은 필자로 하여금 그녀의 예술세계에 한층 더 깊이 접근할 수 있었던 의미 있는 계기가 되었다.

저우쉬안의 우아하고 부드러우며, 여유롭고 감미로운 창법은 한 시대의 노래 스타일을 형성하였고, 이는 중국 음악계 전반에 깊은 영향을 미쳤다.[59] 1940년대 전후, 그녀는 '기성창법'을 혁신하며 당대 가수

---

55) 王勇 · 鲍静, 《海上留声-上海老歌纵横谈》, 上海:上海音乐出版社, 2009, 50; 项筱刚, 〈周璇的历史意义〉, 音乐艺术 1권, 2018, 168.

56) 1930~40년대 상하이에서 탄생한 유행음악은 당시 레코드에 기재된 곡종(曲種)을 기준으로 크게 영화가곡과 유행가곡으로 나뉘었고, 그 등장 순서에서 영화가곡이 먼저 등장했다는 점이 주목할 점이다. 신현준, 〈가(歌) · 요(謠) · 곡(曲)의 해부학 1~근대 조선과 일본에서 대중음악의 용어들에 대한 고찰〉, 개념과 소통, 제33호, 2024, 195-238.

57) 项筱刚, 〈周璇, 邓丽君能"划时代"吗?〉, 音乐文化研究 3期, 2021, 30.

58) 王思思, 〈左翼电影音乐研究〉, 上海大学博士论文, 2019, 135.

59) 위 동일 논문 인용, 16.

들은 물론, 후대 가수들에 의해 재해석되고 리메이크되며 시간과 공간을 초월한 음악적 연속성을 만들어내고 있다는 것이다. 이는 그녀가 단순한 인기 가수를 넘어 당대 음악계에서 독보적인 위치를 차지했음을 보여주는 중요한 요소라 할 수 있다.[60]

60) 项筱刚, 〈周璇的历史意义~为周璇逝世60周年而写〉, 音乐艺术 제1호, 2018; 王思思, 〈左翼电影音乐研究〉, 上海大学博士论文, 2019, 135.

2. 유년기의 고난과 노래로 찾은 희망

저우쉬안은 1920년 8월 1일, 장쑤성(江蘇省) 창저우(常州)에서 태어났다. 본명은 수푸(蘇璞)였고, 아버지 수디아오푸(苏调夫)는 청나라 조정의 의관이었으며 어머니는 간호사로 집안 형편은 나쁘지 않았다. 그녀에겐 두 명의 오빠가 있었으며, 세 살 때 외할머니 댁에 잠시 맡겨졌는데, 불행히도 아편에 중독된 외삼촌에 의해 왕 씨 가문에 팔려갔다. 그 후, 양부 왕룽춘(王荣春)과 양모 양위전(阳玉珍)은 저우수푸의 본명을 왕샤오훙(王小紅)으로 개명했다. 그러나 왕 씨 부부가 이혼하고 생계가 어려워지자, 여섯 살이 되던 해 다시 상하이의 주 씨 가정으로 보내졌고, 이곳에서 저우샤오훙(周小紅)이라는 새 이름을 갖게 되었다.

1941년, 저우쉬안은 상하이 잡지 『만상(萬象)』에 기고한 글 '我的所以出走'에서 자신의 유년과 관련된 다음과 같은 내용을 서술하였다.

"나는 외로운 여자였다. 내가 어디에서 태어났는지, 부모가 누구인지, 심지어 성(姓)조차도 알 수 없었다. 여섯 살 이전까지 나는 누구의 딸이었는지조차 알 수 없었고, 이제는 영원히 알 수 없는 일이 되어버렸다."[61]

저우쉬안

61) 〈我的所以出走〉, 万象, 제1권 제2호, 1941; 王勇 · 鲍静, 《海上留声-上海老歌纵横谈》, 上海:上海音乐出版社, 2009, 50-51(재인용).

저우쉬안의 회고에 따르면, 양모 예펑주(叶凤珠)는 비록 생활이 넉넉하지 않았지만 자신을 따뜻하게 보살폈다고 한다. 여덟 살이 되던 해, 예 씨는 힘든 노동을 하면서도 어린 샤오홍을 닝보 동향회(宁波同鄕會)에서 운영하는 제8초등학교에 입학시켜 주었다고 한다. 저우쉬안은 생전에 이를 회상하며 양모 덕분에 문맹에서 벗어날 수 있었다고 말하였다. 그러나 가족의 형편은 아편에 중독된 양아버지로 인해 점점 더 어려워졌다. 게다가 어린 저우쉬안에게 늘 폭력을 가했고 심지어 기생으로 팔아넘기려 했다가 다행히 양모가 제때 막아내어 더 큰 비극을 피할 수 있었다.

고난과 불행이 끊이지 않았던 어린 시절, 샤오홍에게 노래는 삶 속에서 유일한 기쁨이자 위안이었다. 저우쉬안은 자신의 음악 인생을 회고하며 이렇게 쓴 바 있다.

> "나는 노래를 사랑한다. 내 생명을 사랑하는 것보다 더 깊이 사랑한다. (중략) 나는 단 하루도 노래와 떨어져 지낸 적이 없다."[62]

어려워진 가정 형편으로 학교를 그만둘 수밖에 없었던 샤오홍에게 드디어 인생을 바꾸는 큰 전환점이 찾아온 것이다. 그녀의 맑고 달콤한 목소리는 어느 날 우연히 지나가던 명월가무단의 연주자 장진원(章锦文)의 귀를 사로잡았다. 어린 샤오홍의 천부적인 재능을 발견한 장진원의 추천으로, 그녀는 당시 상하이에서 명성을 떨치던 리진후이(黎锦辉)[63]가 이끄는 '명월' 가무사(明月歌舞社)에 입단하게 된다. 리진후이는

62) 周璇, 〈我爱唱歌〉, 大众影讯 6호, 1943, 18-19; 王思思, 〈左翼电影音乐研究〉, 上海大学博士论文, 2019, 138(재인용).

63) 김태연, 〈黎錦暉와 時代曲의 탄생〉, 중국현대문학 제66호, 2013, 1-26.

중국 초기 유행음악의 전성기를 열었다고 평가받는 인물이다. 그의 가무단 또한 왕런메이, 리리리, 리밍후이, 바이홍 등 당대 최고의 가수들을 배출하였다. 또한, 중국의 국가를 작곡한 녜얼(聂耳)과 리진광(黎锦光) 등 뛰어난 음악인들도 이곳에서 활동하며 전성기를 누렸다.

리진후이는 중국 대중음악의 창시자로 손꼽히며, 최초의 대중가요를 탄생시킨 작곡가로 널리 알려져 있다. 그는 서양 대중음악의 대표적인 장르인 재즈와 중국인들이 널리 익숙하게 즐기는 민가를 결합하여 중국식 유행음악, 즉 '시대곡'의 시대를 열었고, 대중문화에 큰 영향을 미치며 중국 대중음악의 전성기를 이끌었다.

리진후이

샤오홍은 이곳에서 중국 전통 발성법뿐만 아니라 악보와 피아노를 배우며, 상하이 방언 대신 표준어를 익혔다.[64] 또한 서양의 전문적인 음악 이론도 접할 수 있었으며, 이 모든 경험이 그녀에게 가수로서의 꿈을 키워가는 밑거름이 되었다. 1932년, 샤오홍은 입단한 지 불과 몇 개월 만에 가무단의 핵심 인물이었던 완런메이를 대신하여 《특별쾌차(特别快车)》 프로그램의 주연을 맡았으며, 이 작품의 성공을 통해 대중적 주목을 받게 되었다.

---

64) 옌화는 훗날 자신의 회고록에서 다음과 같이 썼다. "저우쉬안이 처음'명월'에 들어왔을 때는 표준어조차 제대로 하지 못했고, 도레미 같은 음악 이론이나 피아노 연주는 말할 것도 없었어요. 하지만 그녀는 예술에 대한 열망과 배움에 대한 의지가 매우 강해서, 리진광에게는 기초 음악을, 장진원에게 피아노를, 그리고 나에게는 표준어를 배웠다." 严华, 〈难以淡忘的回忆〉, 1986年3月10日.

동시에 '저우샤오훙'이라는 이름 대신 '저우쉬안'이라는 예명이 대중에게 널리 알려지게 된 계기도 이 시기에 마련되었다.[65] "1.28" 사변 이후, '명월'은 사회 각계각층과 함께 항일 구국 운동에 동참하게 되었다. 가극《야매괴(野玫瑰)》공연에서, 단장 리진후는 마지막 항일가곡인 〈민족지광(民族之光)〉을 저우샤오훙에게 부르게 하였는데, 그 가사 중 "往前進, 周旋于沙場之上"라는 구절이 관객들 사이에서 회자되기 시작하였다. 이에 리진후이는 '저우쉬안'을 그녀의 예명으로 제안하였으며, 그 후, 또 "쉬안(旋)"이라는 글자에 왕(王)자 변을 더해 '아름다운 옥'을 뜻하는 '쉬안(璇)'으로 바꾸어 사용하게 되었다. 이후 가요계에서는 그녀를 '쉔즈(璇子)'라는 애칭으로 부르기도 하였다.

65) 王思思,〈左翼电影音乐研究〉, 上海大学博士论文, 2019, 135; 王勇·鲍静,《海上留声-上海老歌纵横谈》, 上海音乐出版社, 2009, 50-55.

3. 가수와 배우로서의 영광과 사랑의 시련

준수한 소생, 도화랑(桃花郎)-옌화(严华)

저우쉬안(周璇)을 이야기할 때, 옌화(严华)를 빼놓을 수 없다.

그는 1930~40년대 상하이 음악계에서 명성을 떨쳤던 대표적인 풍류 재사(才子)였다. 외모가 준수할 뿐만 아니라 노래와 춤에도 능했으며, 특히 작곡에서도 뛰어난 재능을 보였다. 오늘날의 표현을 빌리자면, '멀티형 인재'라 할 수 있다.

옌화

옌화의 본명은 옌윈화(严运华)로, 1913년 베이핑(현재의 베이징)에서 태어났다. 그는 책 향기가 가득한 가정에서 자라났으며, 1929년 베이징의 상지상업전문학교(尚志商业专科学校)를 졸업한 뒤, 큰아버지 옌주쉔(严竹轩)의 주선으로 인쇄국(印刷局)에 취직하게 되었다. 그의 직책은 창고과 서기로, 매일 반복되는 단조로운 등록 업무는 포부가 컸던 젊은 옌화에게 무척 지루한 일이었다. 그런 그에게 명월사의 북상(北上) 발전은 인생에 단 한 번 찾아올지도 모를 소중한 기회였고, 그의 삶에서 매우 중요한 전환점이 되었다.

1930년, 남양에서 상하이로 돌아온 리진후이는 명월가무단을 재정비한 뒤, 이를 베이핑으로 옮겼다. 이렇게 결정한 데에는 몇 가지 이유가 있었다. 첫째, 베이핑에서 단원을 모집하면 표준어 교육에 많은 시간을 들이지 않아도 되어, 신입 단원의 훈련 기간을 단축할 수 있었다. 둘째, 베이핑의 생활비 지수가 상하이에 비해 상대적으로 낮아, 창단 초기의 운영 비용을 크게 줄일 수 있었기 때문이다.

모집된 단원들의 수준이 높았기에, 얼마 지나지 않아 공연을 시작할 수 있었고, 여러 차례 공연이 연이어 성공을 거두었다. 이 소식을 들은 톈진 춘화대극원(春和大戏院)의 지배인 가오스치(高士琦)는 명월사 측에 자신의 극장에서 다시 공연해 줄 것을 요청했다.

당시 그 극장에는 젊은 입장권 검표원이 있었는데, 그녀의 이름은 옌페이(严斐)였고, 그녀의 오빠가 바로 옌화(严华)였다. 이 남매는 공연을 관람한 뒤 감명을 받아, 리진후이를 직접 찾아가 가무단에 꼭 들어가고 싶다며 강력히 요청했다.

당시 명월사의 배우 구성은 대부분 여성 중심이었다. 리진후이를 따라다니던 쉬라이(徐来), 리리리(黎莉莉), 셰링셴(薛玲仙), 왕런메이(王人美) 외에도, 베이핑에서 새로 모집된 후자(胡笳), 장징(张静), 왕윈칭(王韵清) 등이 주축을 이루었다. 반면, 남성 배역은 대부분 연주자들이 임시로 맡아 연기하는 경우가 많았다. 리진광(黎锦光), 왕런이(王人艺) 등도 무대 위에서 단역을 도맡아 연기하곤 했지만, 실질적으로 주연을 맡을 수 있는 남성 배우는 매우 부족한 상황이었다.

그런 가운데 옌화는 단연 눈에 띄었다. 그는 밝고 건강한 인상에 키가 크고 잘생긴 외모를 지녔으며, 눈썹과 눈매에서는 생기 넘치는 기운이 느껴졌다. 목소리 또한 맑고 청량했으며, 톈진에서는 꽤 알려진 경극 애호가로서 무대에 자주 올라 여성 역할(旦角)을 연기한 경험도 있었다. 이런 무대 경력을 가진 그를 발견한 리진후이는 매우 기뻐하며,

남매를 모두 받아들였다. 이후 그는 본명 옌윈화(严运华) 대신 '옌화(严华)'라는 예명을 쓰게 되었다.

명월사에 입단한 이후 옌화는 리진후이에게 작곡을 배우고, 왕런이에게 바이올린을 배웠으며, 조연 단역으로 동북 순회공연에도 참여했다. 그는 매우 성실하게 공부했고 다방면에서 빠르게 성장했으며, 얼마 지나지 않아 남성 솔로로 활약하게 되었고, 작사 작곡에도 참여하기 시작했다. 이후 명월사가 상하이로 돌아오자 연화영화사(联华影业公司)에 편입되어 '연화가무사(联华歌舞社)'가 되었고, 이때 옌화는 이미 경력 있는 단원이 되어 있었다.

그곳에서 그는 인생을 바꾸게 될 두 번째 중대한 기회를 맞이하게 되는데, 바로 저우쉬안(周璇)과의 만남이었다. '복숭아꽃 왕자(桃花郎)'와 '황금의 목소리(金嗓子)'는 만나고 결혼하고, 그리고 이혼에 이르기까지, 그들의 모든 이야기는 팬들에게 아픔으로 남았다. 다만, 그들의 사랑 이야기를 이어주는 것은 여전히 남아 있는 노래들뿐이다.

저우쉬안과 옌화

저우쉬안의 뛰어난 음악적 성과는 개인의 노력과 천부적인 재능에 기인한 면도 있으나, 선행 연구들을 종합해 보면 그녀의 음악 활동 초기, 옌화를 만나면서 중요한 영향을 받았음을 확인할 수 있다.

옌화는 작사와 작곡은 물론 가수와 배우로서도 두각을 나타내던 재능 있는 청년이었다. 그는 생애 동안 약 100여 곡에 달하는 노래를 작곡했으며 그중 상당수가 저우쉬안을 위해 쓰인 작품이었다. 이들의 사랑을 대표하는 곡으로는 두 사람이 함께 부른 〈도화강(桃花江)〉이 있다. 이 노래는 두 사람의 풋풋하고 진솔한 사랑을 담아내며, 발표 직후 대중의 뜨거운 사랑을 받게 된다. 이 곡의 성공으로 옌화는 '도화왕자'라는 별칭까지 얻게 되었다. 전통문학에 대한 깊은 조예와 경극 배우로서 다져진 탄탄한 기본기, 가수와 배우로서의 다양한 경험은 훗날 옌화가 저우쉬안이 출연한 영화의 삽입곡을 작곡하는 데 중요한 기반이 되었다.

1934년, 열네 살의 저우쉬안은 바로 '명월'에서 그녀의 스승이자 첫사랑인 옌화를 만나게 된 것이다. 입단 후 어린 저우쉬안이 힘든 상황에 처할 때마다 옌화는 한 치의 망설임도 없이 그녀를 감싸주었다. 그런 옌화에게 저우쉬안은 점점 의지하게 되었고, 그의 따뜻한 관심과 격려 속에서 음악적 재능을 더욱 꽃피울 수 있었다. 같은 해, 옌화의 추천으로 저우쉬안은 신화 가무사(新華歌劇社)에 입사하게 되며, 이곳에서 더욱 활발한 공연 기회를 얻게 되었다.

옌화의 도움 덕분에 저우쉬안은 상하이 『대만보(大晚报)』에서 실시한 '3대 인기가수 투표'에서 2위를 차지하며 유명인의 반열에 오르게 된다. 그 당시 1위를 차지한 간판스타 바이홍과는 50여 표 차이로, 열네 살의 어린 나이에 유례없는 인기를 기록한 것이다. 이 투표 결과로 저우쉬안은 '황금의 목소리'라는 수식어를 얻게 되었고, 이는 그녀의 또 다른 대명사로 불리게 되었다. 이 시점부터 저우쉬안은 중국 대중음악계에서 중요한 인물로 자리 잡기 시작하며, 그녀의 목소리와 음악은 많은 사람들에게 큰 영향을 미쳤다.[66]

1935년, 상하이 이화 영화사(上海藝華影业公司)와 계약을 맺은 저우쉬

66) 王群, 〈周旋-一个时代的声音和影像〉, 当代电影 3호, 2008, 30.

안은 주연을 맡은 왕런메이의 추천으로, 첫 영화인《풍운아녀(风云儿女)》에 출연하게 된다. 저우쉬안은 영화에서 카메오로 무희 역할을 맡았다. 비록 그녀의 출연 분량은 매우 적고 등장 시간도 짧았지만, 그녀의 진지한 연기와 무대 퍼포먼스는 감독에게 깊은 인상을 남겼다. 이는 훗날 영화《마로천사(馬路天使)》의 여주인공으로 발탁되어 삽입곡 두 곡을 직접 부르게 되는 계기로 이어졌다.

이 시기, 저우쉬안과 옌화는 스승과 제자라는 관계를 넘어 급속히 가까워졌고, 주변의 축복 속에서 1936년에 정식으로 약혼식을 올리고, 1938년에 베이핑(北平)에서 결혼식까지 올렸다.[67] 그 해에 저우쉬안은 18세였고 옌화는 26세였다.

저우쉬안과 옌화의 결혼 사진

저우쉬안은 옌화의 지지와 응원 속에서 대중적 인지도를 높여가며 예술적 성장을 거듭하였고, 옌화의 창작 활동 역시 그녀와의 협업을 통해 한층 풍부해지며 그의 예술적 역량을 더욱 부각시켰다. 하지만 그와는 반대로, 두 사람의 달콤한 결혼 생활은 오래 지속되지 못했다. 끊임없는 공연과 촬영 일정 속에서 저우쉬안은 임신의 기쁨을 제대로 누려볼 새도 없이 첫 아이를 잃고 말았다. 육체적으로나 정신적으로 깊은 상처를 입은 그녀에게 영화사는 그녀의 인기를 활용해 더 큰 수익을 창출하려 하였고, 일정을 앞당기며 더 많은 스케줄을 강요했다.

67) 〈我的所以出走〉, 万象 1권 제2호, 1941, 82.

그녀가 가장 필요했던 것은 따뜻한 위로였지만, 옌화는 점차 냉담한 태도를 보였다. 그의 언행은 점차 거칠어졌으며, 욕설과 더불어 신체적 폭력으로까지 이어졌다.[68]

설상가상으로, 언론은 두 사람의 관계를 끊임없이 파헤치며 부부 간의 의심과 갈등을 과장하고 부추겼다. 이 모든 상황은 저우쉬안을 더욱 지치게 하였고, 그녀의 삶에 깊은 어둠을 드리우게 하였다. 쉴 틈 없이 이어지는 바쁜 일정과 반복되는 갈등 속에서 두 사람의 관계는 점점 멀어졌고, 결혼 생활은 3년 만에 이혼으로 마무리되었고, 당시 팬들의 큰 관심과 아쉬움을 불러일으켰다.

68) 〈东方日报〉, 1941年6月20日 4版.

4. 영화와 영화음악의 황금기

1) 상하이에서의 영화음악의 황금기

쑨루이(孙蕤) 교수가 2004년 저술한 『中国流行音乐简史(1917~1970)』에서는 1937년 명성영화사(明星影业公司)가 저우쉬안을 위해 제작한 첫 영화 《마로천사(馬路天使)》를 중국 유행음악의 두 번째 단계로 분류할 만큼, 이 영화에 삽입된 두 곡 〈천애가녀〉와 〈사계가〉는 음악사적으로 중요한 의미를 지닌다. 본 절에서는 상하이 시기 저우쉬안이 삽입곡을 직접 부르며 출연한 영화를 중심으로, 각 영화와 영화가곡의 내용적 특성에 따라 두 가지 주요 장르로 구분하여 고찰하고자 한다.

이 시기는 중일전쟁이 발발한 격동의 시기였다. 일본의 중국 침략이 심화되면서 중국 공산당은 항일 민족통일전선의 구축을 제안하였고, 이에 따라 좌익 문화운동은 전 민족의 단결과 항일 의식을 더욱 강조하게 되었다. 이러한 역사적 배경 속에서 좌익 영화 및 좌익 영화 음악 운동도 활발히 전개되었으며[69] 저우쉬안이 출연한 일부 작품들 또한

69) 1931년 1월, 중국 좌익 연극가 연맹(약칭 "극련")이 공식적으로 설립되었다. 같은 해 9월 1일, "극련"은 《중국 좌익 연극가 연맹 최근 행동 강령》을 통과시켰다. 이 강령은 연극뿐만 아니라 영화에 대해서도 명확한 방침과 과제를 제시했다. 강령에서는 특히 "본 연맹은 현재 중국 영화 운동을 동시에 고려할 필요가 있다. 각 영화 제작사에 공급할 각본을 제작하고, 연맹 회원들이 영화사 활동에 적극 참

이와 긴밀한 연관을 맺고 있었다. 당시 상하이의 주요 영화사인 명성(明星), 연화(聯華), 예화(藝華) 등 세 곳의 시나리오 부서에는 모두 좌익 작가들이 활동하였으며, 그들은 중국 공산당의 반제국주의·반봉건 기본 노선을 바탕으로 새로운 제작 방향을 점차 확립해 나갔다.[70] 또한, 성악 장르인 혁명가곡이 좌익 음악인들의 강력한 지지를 받아 점차 체계화되었으며, 당시 유행하던 재즈풍 음악을 '황색가곡'이라 비판하며 이를 명확히 구분하려는 움직임이 나타났다.[71]

저우쉬안은 1935년 첫 영화로 영화계에 데뷔한 이후, 1950년까지 약 16년 동안 총 43편의 영화에 출연하였으며, 이 중 30여 편의 영화에서 114곡의 삽입곡을 직접 불렀다.[72] 이 숫자는 당시 영화산업에서 아무도 깨지 못한 최고의 기록으로, 그녀가 얼마나 많은 음악영화에서 중요한 역할을 했는지 확인할 수 있다.[73]

아래 〈표 1〉은 1937년부터 1944년까지 저우쉬안이 상하이에서 직접 삽입곡을 부르며 출연한 주요 영화 17편의 작품명, 각 영화의 연보, 삽

여하도록 독려하는 한편, 자체적인 자금 조달을 통해 영화를 직접 제작해야 한다"라고 언급되었다.

70) 王思思, 〈左翼电影音乐研究〉, 上海大学博士论文, 2019, 33.

71) 최명숙, 《중국 대중음악 연구》, 민속원, 2018, 67.

72) 현재까지 중국에서 발표된 연구서와 논문을 검토한 결과, 저우쉬안이 출연한 영화의 편수는 41편 또는 43편으로 집계된 자료로 구분된다. 그러나 음악영화로 분류된 작품 수나 그녀가 부른 유행가곡 및 영화가곡의 집계에서는 집계 기준의 차이와 자료의 다양성으로 인해 일부 불일치가 나타난다.

73) 王勇·鲍静, 《海上留声-上海老歌纵横谈》, 上海音乐出版社, 2009, 50; 项筱刚, 〈周璇的历史意义〉, 音乐艺术 1권, 2018, 168; 〈周璇, 邓丽君能"划时代"吗？〉, 音乐文化研究 3호, 2021, 29; 〈周璇的历史崛起~为周璇逝世六十周年而写〉, 歌唱艺术 10호, 2017.

입곡 수를 정리한 목록이다. 이는 그녀의 영화 경력에서 중요한 부분을 차지한다.

〈표 1〉 상하이에서 촬영한 영화 작품명과 연보

순서	작품명	연도	삽입곡
1	《마로천사(马路天使)》	1937	2곡
2	《삼성반월(三星伴月)》	1938	2곡
3	《맹강녀(孟姜女)》	1939	2곡
4	《리삼냥(李三娘)》	1939	2곡
5	《칠중천(七重天)》	1939	4곡
6	《삼소(三笑)》	1940	5곡
7	《서상기(西厢记)》	1940	7곡
8	《동소완(董小宛)》	1940	2곡
9	《소삼연사(苏三艳史)》	1940	4곡
10	《천애가녀(天涯歌女)》	1941	8곡
11	《해어화(解语花)》	1941	6곡
12	《메기(梅妃)》	1941	2곡
13	《노인춘색(恼人春色)》	1942	3곡
14	《어가녀(渔家女)》	1943	4곡
15	《난봉화명(鸾凤和鸣)》	1944	7곡
16	《홍루몽(红楼梦)》	1944	2곡
17	《봉황우비(凤凰于飞)》	1944	11곡

한편, 이 시기는 저우쉬안이 옌화와 연인 관계를 이어가던 시기로, 그녀가 상하이에서 가장 활발하게 활동했던 예술적 전성기이기도 하다. 그녀는 이 시기에 총 17편의 영화에서 73곡의 영화가곡을 직접 부르며 대중적 인지도를 더욱 확고히 다져나갔다. 이는 그녀의 영화 경력에서 매우 중요한 비중을 차지한다.

2) 홍콩에서 확장된 예술의 지평과 깊어지는 그늘

1945년 중일전쟁 종식 후부터 1950년까지는 저우쉬안이 홍콩에서 활발히 활동한 시기였다. 당시 국공내전이 재점화되면서 중국의 정세는 급변하였고, 상하이 경제는 심각한 마비 상태에 빠졌다. 이러한 혼란 속에서 많은 음악인과 배우, 그리고 자본은 보다 안정적인 환경을 찾아 홍콩과 대만 등지로 이동[74)]하기 시작했다. 저우쉬안 역시 홍콩 영화사의 제안을 받고 홍콩으로 거처를 옮겨 작품 활동을 이어갔다.

1945년부터 1950년까지 저우쉬안은 홍콩에서 총 10편의 영화에 출연하였으며, 이 가운데 8편의 영화에서 총 43곡의 삽입곡을 직접 불렀다. 이 중 《채홍곡(彩虹曲)》에서는 삽입곡이 총 8곡에 달하며, 이는 저우쉬안이 당시 음악영화 흥행의 핵심 동력으로 작용했음을 단적으로 보여준다. 아래는 그녀의 홍콩에서의 주요 음악영화 작품명과 각 영화의 연보를 정리한 목록이다.

〈표 2〉 홍콩에서 촬영한 영화 작품명과 연보

순서	작품명	연도	삽입곡
1	香港大中华影业公司《장상사(长相思)》	1947	7곡
2	《억강남(忆江南)》	1947	5곡
3	凤凰影片公司《화외유앙(花外流莺)》	1948	6곡
4	星星影片公司《막부청춘(莫负青春)》	1948	3곡
5	香港永华影业公司《청궁비사(清宫秘史)》	1948	2곡
6	香港大中华影业公司《가녀지가(歌女之歌)》	1948	6곡
7	香港长城影业公司《채홍곡(彩虹曲)》	1949	8곡
8	香港长城影业公司《화가(花街)》	1950	6곡

74) 鄭雨光, 〈'올드 상하이' 노스탤지어-롼링위를 중심으로〉, 中國文化硏究 14輯, 2009, 302.

1947년, 홍콩에서 개봉한 저우쉬안의 첫 음악영화 《장상사(长相思)》에서 저우쉬안은 무려 7곡을 불렀다. 삽입곡 〈야상해(夜上海)〉는 즉시 홍콩과 마카오에서 큰 인기를 휩쓸며, 동남아시아 전역으로 빠르게 퍼져나갔다. 작사는 노래의 첫머리에서 상하이 밤의 번화한 풍경을 그려낸다. 두 번째 단락에서는 영화 속 주인공, 즉 생계를 위해 마음속에 가득한 고통과 근심에도 불구하고 웃는 얼굴로 무도장에서 노래를 부를 수밖에 없는 모습을 보여준다. 이는 서두에 그려진 화려한 야경과 대비를 이루며, 당시 점령하에 있던 상하이 시민들이 일본의 지배 아래 얼마나 힘든 삶을 살았는지, 그 속에서 느껴지는 허무함과 쓸쓸함을 반영하고 있다.

이 곡은 전형적인 무곡 스타일의 작품으로, 재즈 밴드 반주를 통해 서양적인 분위기를 살리는 한편, 선율에는 중국 강남 지역의 민요풍 선율을 활용하고, 중국의 오음(五音) 민족 조성을 사용하여 동서양 음악을 절묘하게 결합한 중국적 특색의 유행가곡이다.

상하이의 학자 첸쯔산(陈子善)은 이 노래를 이렇게 평가했다.

> "이처럼 대중에게 사랑받은 〈夜上海〉는 대상하이의 '음악적 풍속화'로, 화려한 불빛과 술의 향연 속 도시 풍경과 '하이파(海派)의 진한 정취를 생동감 있게 그려내어 상하이를 대표하는 곡이 되었다. 또한, 상하이의 '음악적 명함' 이기도 하다."[75]

특히, 1948년에 개봉한 사극 《청궁밀사(清宮秘史)》영화도 홍콩에서 큰 성공을 거두며, 미국과 일본에서도 잇따라 방영되어 국제적인 주목을 받았다.[76] 영화의 음악 또한 이러한 역사극에서 중요한 요소로 작

75) 王勇·鲍静,《海上留声-上海老歌纵横谈》, 上海音乐出版社, 2009, 54.

용하며, 중국 전통 음악의 특징을 지니고 있었다. 희곡 예술은 당시 중국인들에게 중화민족의 전통적 심리를 형성하고 발전시키는 데 있어, 다른 어떤 예술 장르도 대체할 수 없는 중요한 역할을 했음이다.

3년 사이 홍콩에서 촬영한 음악영화 《장상사》, 《청국밀사》 등 7편과 〈야상해〉, 〈화양적연화〉 등 40여 곡의 삽입곡은 그녀의 음악적 인생을 전례 없는 절정으로 이끌었으며, 그녀를 "민국 시대곡"과 "홍콩 국어 시대곡"의 역사적 연결 지점에 "서지 않을 수 없게" 만들었다.[77] 이는 훗날 '상하이풍' 유행음악이 홍콩과 대만으로 유입되어 새로운 환경에서 발전하게 되는 중요한 계기가 되었다.

영화와 음악, 두 분야에서 빛나는 스타로 활약하며 연이은 성과를 거두던 저우쉬안은 두 번째 운명적인 남자인 주화이더(朱怀德)를 만나게 된다. 주화이더는 이미 가정을 꾸리고 있었음에도 불구하고, 그녀를 따라 홍콩까지 찾아와 달콤하면서도 집요한 애정 공세로 다가섰다. 옌화와의 이별 이후 늘 불안한 삶을 살아가던 저우쉬안에게는 마음 놓고 쉴 수 있는 가족 같은 존재가 절실했다. 주화이더는 그녀의 이러한 마음을 꿰뚫고 있었던 것이 분명했다. 1949년, 저우쉬안은 결국 주화이더와 홍콩에서 동거를 시작했고, 이듬해 첫 아들인 저우민(周民)을 낳았다.

그러나 주화이더는 끊임없이 저우쉬안에게 금전적인 요구를 했고 '사업을 한다'는 핑계로 그녀를 홍콩에 남겨둔 채 상하이로 자취를 감췄다. 저우쉬안이 아들 저우민을 데리고 어렵게 그를 찾아갔지만, 주화이더는 이미 다른 여자와 동거 중이었고, 결혼은 물론 아이까지도 인

76) 王群, 〈周旋-一个时代的声音和影像〉, 当代电影 (3), 2008, 35.

77) 项筱刚, 〈周璇、邓丽君能"划时代"吗？〉, 音乐文化研究 제3호, 2021, 31.

정하려 하지 않았다. 그렇게 저우쉬안의 두 번째 사랑도 역시 그녀를 깊은 공허와 절망에 빠뜨렸고, 홍콩에서의 눈부신 성공에도 불구하고 극심한 정신적 불안과 우울증에 시달리며, 아들 저우민과 함께 다시 상하이로 돌아오게 되었다.

상하이로 돌아온 저우쉬안은 아들 저우민을 돌보는 것조차 버거운 상태였다. 그럼에도 불구하고, 대광명(大光明) 영화사의 음악영화 《화평합(和平鴿)》에 출연하기로 한다. 하지만 영화 촬영이 끝나기도 전에, 저우쉬안은 갑작스럽게 정신병원에 수용되고 만다. 그 이후 무려 6년 동안, 저우쉬안에 대해 언급하는 사람은 아무도 없었다. 그녀의 행방을 알 수 있는 명확한 자료도 남아 있지 않았다. 대부분의 자료는 바이두 등에서 '정신질환으로 병원에 입원했다'는 단편적인 설명만을 덧붙이고 있을 뿐이다.

3) 영화 장르 속 캐릭터의 분화

좌익 영화음악 특징

3절에서는 〈표 1〉과 〈표 2〉에 정리된 작품들을 바탕으로, 저우쉬안이 상하이와 홍콩으로 활동 무대를 옮긴 이후 출연한 영화들과 그 삽입곡 내용에 따라 두 가지 주요 장르로 분류하여 살펴본다.

첫 번째로 분류할 수 있는 장르는 좌익 영화 음악 운동의 영향을 받은 것으로, 전쟁과 사회적 모순 속에서 살아가는 여성의 삶을 주제로 한 작품들이다. 이들 영화는 국공 내전이나 항일전쟁과 같은 역사적 배경을 바탕으로, 희망과 애정을 담아내면서도 대중들에게 강한 애국심을 불러일으켰다. 대표적인 작품으로는 《마로천사》 2곡, 《삼성반월》 2곡, 《천애가녀》 8곡, 《어가녀》 4곡, 《억강남》 5곡, 《칠중천》 4곡 등이 있다.

《马路天使》, 《三星伴月》, 《天涯歌女》, 《渔家女》, 《忆江南》
저우쉬안의 대표적인 애국주의 영화

여기서 주목할 점은, 영화 《마로천사》에서 저우쉬안이 맡은 가녀(歌女) '샤오훙' 캐릭터이다. 이 인물은 여러 면에서 저우쉬안의 개인적인 삶과 비극적 요소를 반영한 것으로 평가된다. 《마로천사》는 이후 중국을 대표하여 제34회 칸 영화제에서도 상영된 바 있다. 영화는 상하이 도시 빈민들의 현실을 사실적으로 묘사하며, 그들의 고통과 억압에 대한 깊은 연민을 자아냈다. 또한, 사회적 부조리와 계급 갈등을 비판하면서도 전쟁과 사회적 혼란 속에서 사랑과 희망이라는 메시지를 담아내어, 오늘날에도 중국 영화사에서 중요한 작품으로 평가받고 있다. 또한, 저우쉬안은 이 배역과 삽입곡을 통해 중국 영화사에서 대체불가한 중요한 입지를 확립하게 되었다.

앞서 서술했듯이, 저우쉬안은 어린 시절 부모와 이별하고, 가난으로 학업을 중단한 채 노래를 통해 생계를 이어가야 했으며, 이러한 삶의 궤적은 영화 속 '가녀' 역할과 밀접하게 겹쳐진다. 또한 영화에서 '샤오훙'이 노래를 부르는 표정이나 서정적 가사와 멜로디는 단지 서글픈 감정만을 표현할 뿐이지만, 노래의 분위기와 동반된 전쟁 장면은 소녀의 비극과 일본의 침략을 교묘하게 연결시킨다. 이러한 장면은 중국 영화의 이데올로기적 목적을 실행하는 효과적인 미학적 전략이라 하겠다.[78] 이와 같은 변화는 1920년대 문명화 전통과 연관된 오락물 중심의 중국의 영화가 혁명의 대의를 지원하며 사회비판 의식을 지닌 영화로 그 성격을 전환시켰음을 보여준다.[79]

이와 유사하게, 《천애가녀(天涯歌女)》와 《장상사(長相思)》에서도 저우쉬안은 생계를 위해 노래할 수밖에 없었던 사회적 소외계층 여성의 삶을 설득력 있게 표현하며, 관객들로 하여금 그녀의 실제 삶을 자연스럽게 떠올리게 한다. 그 외, 《각유천추(各有千秋)》에서는 홍콩 하층 사회를 배경으로, 열악한 환경 속에서 고군분투하는 여성들의 현실을 사실적으로 묘사하였다. 《억강남》에서는 항일전쟁을 배경으로, 순박한 시골 처녀와 버릇없고 당돌한 홍콩 아가씨를 1인 2역으로 연기하며, 상반된 여성상을 섬세하게 드러냈다.

사극 영화 음악 특징

두 번째로 분류할 수 있는 장르는 중국의 고전 문학, 민간 전설, 그리고 역사적 인물을 소재로 한 전통 사극 영화들이다. 이들 작품은 사극의 형식을 충실히 따르면서, 대중들에게 중국의 전통적 가치와 미덕을 재조명하는 동시에, 한 여성의 사랑 이야기를 중심 서사로 삼아 인

78) 노정은, 〈'선전'과 '오락'의 변주-1930년대 상하이 좌익계열 영화의 미적 허위성〉, 中國現代文學 41號, 2004, 125.

79) 박자영, 〈좌익영화의 멜로드라마 정치-1930년대 상하이 대중문화 형질〉, 중국현대문학 33호, 2003, 194.

물의 희생, 이별, 그리고 운명에 대한 정서를 강조하였다. 대표적인 작품으로는 《맹강녀》 2곡, 《서상기》 7곡, 《소삼연사》 4곡, 《이삼냥》 2곡, 《동소완》 2곡 등이 있다. 그런데 놀랍게도 이 작품들에서 저우쉬안이 부른 삽입곡들은 모두 그녀의 첫사랑, 옌화가 작곡한 곡들이었다.

원쪽으로부터 《孟姜女》, 《西厢记》, 《苏三艳史》, 《李三娘》, 《董小宛》 등
저우쉬안의 대표적인 사극 장르 영화

영화 《맹강녀》는 민간 전설을 바탕으로 한 비극적 서사로, 한 여성의 절절한 사랑과 희생을 중심으로 전개된다. 중국 고전 문학을 원작으로 한 《서상기》 역시, 추이잉잉(崔莺莺)과 장성(张生)의 사랑 이야기를 중심으로 수많은 시련 끝에 두 사람이 부부의 연을 맺게 되는 과정을 그린 작품이다. 저우쉬안은 이 영화에서 무려 7곡의 삽입곡을 불렀으며, 맡은 인물이 겪는 애절한 이별과 희생을 통해 자신의 삶과 감정을 깊이 투영하였다.

《동소완》에서는 명기 동소완과 재사 모벽강(冒辟疆) 사이의 애틋한 사랑을 중심으로 감성적인 정서를 담아냈고, 《소삼염사》는 사회 하층민의 고단한 삶과 구조적 억압을 사실적으로 그려냈다. 《청궁비사》는 무술변법을 중심으로 한 궁중 권력 투쟁을 다루면서, 갑오전쟁과 의화단 운동 등 청말의 주요 역사적 사건들을 서사 구조에 촘촘히 엮은 대작 역사극이다.

다음 장에서 논의하겠지만, 저우쉬안이 출연한 대부분의 사극 영화에서 사용된 삽입곡은 모두 옌화가 작곡한 것으로, 두 사람의 예술적 협업 관계는 그녀의 영화 속 서사와 현실 삶 사이의 경계를 더욱 밀도 있게 연결시켜 준다.

특히 옌화와의 안타까운 이별과 고단한 생애는 이러한 서사와 감정 표현을 통해 재조명된다. 이처럼 저우쉬안은 다양한 장르로 연기 스펙트럼을 확장하며, 항일전쟁을 배경으로 한 작품이든, 역사나 민간 설화를 각색한 영화이든, 그녀는 늘 사회의 하층민이나 소외된 계층을 대변하는 인물을 맡아왔다. 특히 생계를 위해 노래하는 '가녀'의 역할을 통해 사랑을 쟁취하는 서사는, 저우쉬안 자신의 삶과도 놀라운 유사성을 보이며 마치 스크린 속 이야기들이 그녀의 실제 삶을 반영하는 듯한 인상을 준다.

5. 저우쉬안의 음악 세계의 형성과 혼종성

저우쉬안의 뛰어난 음악적 성과는 그녀의 천부적인 재능과 부단한 노력의 결과이기도 하지만, 활동 초기부터 중기에 이르는 음악적 궤적을 살펴보면, 그녀를 둘러싼 다양한 음악적 영향이 혼종적으로 반영되어 있었음을 확인할 수 있다. 선행 연구들에 따르면, 특히 허뤼딩(贺绿汀), 옌화(严华), 천거신(陈歌辛) 등 서로 다른 음악적 지향을 지닌 작곡가들의 존재는 저우쉬안의 예술적 성장에 있어 중요한 역할을 했다.

저우쉬안은 1935년 영화 《풍운아녀》에서 단역으로 출연하며 배우로서 첫발을 내디뎠다. 비록 출연 분량이 적고 삽입곡을 직접 부르지는 못했지만, 이 경험은 이후 그녀의 경력에 있어 전환점이 되었다. 1937년, 그녀는 영화 《마로천사》의 주연으로 발탁되었고, 좌익 작곡가 허뤼딩이 작곡한 두 삽입곡을 직접 부를 기회를 얻게 된다. 이 작품은 저우쉬안에게 대중적 인지도를 안겨주었을 뿐만 아니라, 그녀의 음악적 정체성을 형성하는 데에도 결정적인 계기가 되었다.

이후 저우쉬안은 옌화의 지지와 협업 속에서 예술적으로 지속적인 성장을 이어갔으며, 활동 무대를 홍콩으로까지 확장해 나갔다. 특히 천거신과의 협업을 통해 탄생한 〈봉황우비(凤凰于飞)〉와 〈야상해(夜上海)〉는 대중적 정서를 섬세하게 담아내며 한때 폭넓은 인기를 누렸고, 그녀의 대표곡으로 자리매김하였다.

이처럼 저우쉬안의 음악은 단일한 스타일로 규정짓기 어려울 만큼, 시대적 맥락 속에서 다양한 음악적 흐름이 교차하는 혼종적 성격을 띠고 있다. 따라서 그녀의 초기 음악 세계를 이해하기 위해서는 당시 함께한 세 작곡가의 음악적 지향과 영향력을 함께 고찰할 필요가 있다. 이는 저우쉬안이라는 예술가가 어떻게 당대의 문화적 흐름과 맞물려 독자적인 음악 세계를 구축해 나갔는지를 이해하는 데 중요한 단서를 제공한다.

작곡가 허뤼딩

허뤼딩

허뤼딩은 호남성(湖南省) 소양(邵阳) 출신으로, 1924년부터 악기를 배우기 시작했으며, 상하이국립음악전문학교(上海国立音专)에서 황쯔(黄自)로부터 화성과 작곡을 배웠다. 1936년에는 좌익 문화예술인 단체인 '작사작곡자연의회(作曲作词者联谊会)'에 가입하고, 《풍운아녀(风云儿女)》, 《십자가두(十字街头)》, 《마로천사》 등 진보 영화의 음악 작업에 참여하였다.

그는 이후 항일전쟁과 해방전쟁 시기에는 음악 교육 및 창작 활동을 통해 민족적 정서를 담은 음악을 다수 발표하였고, 해방 후에는 상하이음악학원 원장, 중국음악가협회 부주석 등을 역임하며 중국 현대음악의 발전에 크게 기여하였다. 특히 피아노곡 〈목동단적(牧童短笛, 목동의 피리)〉와 〈요람곡(摇篮曲)〉은 '중국풍 피아노곡 공모'에서 각각 1등과 명예 2등을 수상하며 민족적 음악 언어의 창작 가능성을 인정받았다. 또한 그는 〈유격대의 노래〉, 〈가릉강에서〉 등의 항일 음악과 〈야회〉, 〈삼길덕마〉 등의 민족관현악 작품을 통해 민족음악의 현대화라는 과제를 실천해냈다.

이렇듯 허뤼딩의 예술세계는 그가 추구하던 진보적 음악 이념을 더욱 널리 확산시키는 계기가 되었고 저우쉬안이라는 당대 최고의 대중가수와의 협업을 통해 대중에게 깊이 각인되었고, 그의 작품은 지금까지도 중국 음악사의 고전으로 자리매김하고 있다.

1937년 개봉한 영화 《마로천사》의 삽입곡 〈천애가녀〉와 〈사계가〉는 중국 대중음악사에서 중요한 전환점을 이룬 작품이다. 이 두 곡은 좌익 작곡가 허뤼딩(贺绿汀, 1903~1999)이 작곡하고, 저우쉬안이 부른 노래로, 대중성과 예술성을 동시에 갖춘 작품으로 평가받는다.

저우쉬안의 맑고 순수한 음색은 허뤼딩의 멜로디와 어우러져, 도시 빈민 여성의 감성과 정서를 섬세하게 그려내며 수많은 이들의 공감을 자아냈다. 특히 그녀가 이 곡들을 부른 장면은 영화의 서사뿐 아니라 당시 상하이 대중문화의 정서를 상징하는 장면으로도 회자된다.

우선, 1937년 음악사와 영화사 양면에서 지대한 영향을 끼친 영화 《마로천사》의 삽입곡부터 살펴보자. 당시는 7·7사변을 계기로 전국적인 항일전쟁이 발발한 시기로, 많은 음악인들이 구국연극대에 참여하여 노래와 연극을 통해 항일을 선전[80]하던 때였다. 저우쉬안이 부른 〈천애가녀〉와 〈사계가〉는 각각 좌익 음악가 톈한(田汉)이 작사하고 허뤼딩이 작곡한 곡이다. 허뤼딩은 1930년대 상하이에서 좌익 예술가들과 교류하며 항일과 민중 계몽을 위한 음악 운동을 이끈, 중국 현대 음악의 대표적 개척자 중 한 명이다.

감독 위안무즈(袁牧之)는 당시 유행하던 쑤저우(苏州) 민요 《지심객(知心客)》을 선택해, 톈한에게 새로운 가사를 붙이도록 요청하고, 허뤼딩에게 편곡을 맡겼다. 다음은 〈천애가녀〉의 1절 가사이다.

> 天涯呀 海角 하늘 끝이여, 바다 끝에서
> 觅呀觅 知音 영혼의 동반자를 찾아 헤매네
> 小妹妹唱歌 郎奏琴 어린 소녀는 노래하고 님은 거문고를 타네

---

80) 민경찬·장전·아스다 히로시·류인옥·김성준, 《동아시아 서양음악의 수용》, 음악세계, 2008, 283.

郎呀 咱们俩是一条心 님이여, 우리 둘은 한마음이라네
爱呀爱呀 사랑이여, 사랑이여
郎呀 咱们俩是一条心 님이여, 우리 둘은 한마음이라네

가사만 보면 단순한 사랑 노래처럼 보일 수 있지만, 이 곡은 고단한 삶의 여정 속에서 진정한 영혼의 동반자를 찾아가는 이야기를 담고 있다. 이 곡은 당시 학당악가(學堂樂歌)의 영향을 일정 부분 수용한 배사(排詞)적 특징을 반영하면서도, 동일한 글자 수의 반복을 통해 형성되는 리듬감과 청중과의 친밀감 덕분에 누구나 쉽게 따라 부를 수 있는 구조를 갖추고 있다는 점에서 주목할 만하다.[81] 또한 정치적 구호나 계몽적 메시지를 강조하기보다, 도시 생활과 청춘 남녀의 사랑을 진솔하게 노래했다는 점에서 기존 항일가곡과 뚜렷한 차별성을 보인다.

허뤼딩은 편곡을 맡은 후, 여러 음반사에서 출판된 민요 《지심객》의 음반을 수집해 반복적으로 청취하고 비교 분석하였다. 그는 다양한 민간 가수들의 장점을 모아 멜로디에 예술적 수정을 가하고, 이를 완성도 있게 다듬어 〈천애가녀〉를 탄생시켰다. 이 곡은 전통적인 5음 음계를 바탕으로 구성되어 있으며, 선율은 전반적으로 대화하듯 오르내리며, 곡의 전개는 마치 인물 간의 감정 교류를 묘사하는 듯한 인상을 준다. 예를 들어 "小妹妹唱歌 郎奏琴"과 같은 구절에서는 각 문장이 서로 응답하듯 교차되며, 일종의 대화적 구조를 형성한다. 특히 반복적으로 등장하는 '呀(ya)'와 같은 감탄사는 수쩌우 민요의 특징을 살려 민가에서 흔히 쓰이는 '에헤라(哎喲喲)' 같은 추임새를 삽입하여 기존 민가의 선율과 정감을 살려 표현하였다. 비록 좌익 예술가들이 '리파 음악'을

81) 최명숙 · 김현주, 〈상하이 시대곡을 통해 본 중국 근대 유행음악의 혼종성 연구〉, 글로벌문화콘텐츠학회 14권 2호, 2021, 59.

곱게 보지는 않았어도, '리파 음악'의 유행 속에서 악기 배합의 조화와 풍성함, 민요 풍격의 가락 등과 같은 장점을 흡수하려고 노력했다.[82]

허뤼딩은 저우쉬안이 〈천애가녀〉와 〈사계가〉 음반 녹음 과정에서 이렇게 회고하였다.

> "저는 그녀의 노래 표현과 장식음의 세부 사항을 꼼꼼하게 지도했다. 저우쉬안은 천부적으로 좋은 목소리를 지녔을 뿐만 아니라, 음악에 대한 감각도 뛰어나고 반응이 아주 영민하다는 것을 느꼈다. 비록 그녀는 체계적인 노래 훈련을 받지 않았지만, 작곡가로서의 요구를 그녀는 오히려 빠르게 표현해 낼 수 있었다."[83]

저우쉬안은 가창에 있어 자연스럽고 말하듯이 부르는 창법을 통해, 감정을 과도하게 드러내지 않으면서도 순수하고 담담한 사랑과 그리움의 정서를 깊이 있게 전달하였다. 그녀의 창법은 희곡 창법의 전통적인 발성법을 부분적으로 인용하면서도, 과도한 기교보다는 서정적이고 섬세한 표현에 집중하였다. 이는 당시 유행가 창법이 아직 체계적으로 정립되지 않았던 상황에서, 다수의 가수들이 중국 전통 민가와 희곡 창법의 기법들을 차용하여 자신만의 표현 방식을 모색하던 흐름과도 맞닿아 있다.

작곡가 옌화

명월사에 입단한 이후, 옌화는 짧은 시간 안에 다방면에서 두각을

---

82) 위아이칭 저, 이용욱 · 구성철 역, 《대중음악으로 이해하는 중국》, 고양: 학고방, 2005, 212.

83) 赵国庆, 《周璇之谜》, 长江文艺出版社, 2003, 86; 王勇 · 鲍静, 〈天涯歌女金嗓传音-周璇〉, 音乐爱好者 11期, 2006, 47.

나타냈다. 그는 리진후이에게 작곡을, 왕런이에게 바이올린을 사사하며 탄탄한 기초를 다졌고, 조연과 단역으로 순회 공연에 참여하며 실전 무대 경험도 차곡차곡 쌓아갔다. 성실한 태도와 빠른 성장 속도는 곧 그를 명월사의 대표적인 남성 솔로 가수로 부상하게 만들었으며, 동시에 작사와 작곡에도 참여하는 다재다능한 예술가로 자리매김하게 했다.

이후 명월사가 상하이로 돌아와 연화영화사(联华影业公司)에 편입되며 '연화가무사(联华歌舞社)'로 재편될 무렵, 옌화는 이미 경력을 인정받는 핵심 단원으로 활동하고 있었다. 그리고 바로 이 시기, 그의 인생과 음악 세계를 결정적으로 뒤바꾸는 운명적인 만남이 찾아온다. 그것이 바로 저우쉬안과의 조우였다.

저우쉬안의 첫사랑이자 스승으로 회자되는 옌화는, 단순한 멘토 이상의 존재였다. 그는 그녀의 음악적 정체성과 예술적 감수성에 깊이 관여하며, 그 내면의 성장을 함께 이끌어낸 인물이었다. 이제, 옌화의 작곡 세계와 저우쉬안과의 협업에서 나타나는 음악적 특징을 구체적으로 살펴볼 필요가 있다.

옌화는 작사, 작곡은 물론 가수와 배우로서도 활발히 활동했으며, 생애 동안 약 100여 곡에 달하는 작품을 남겼다. 그중 상당수는 저우쉬안을 위해 쓰인 곡으로, 그녀의 목소리와 예술적 색깔에 맞춰 섬세하게 작곡되었다. 전통 문학에 대한 깊은 이해, 경극 배우로서의 단단한 기본기, 그리고 무대와 영화에서 쌓은 폭넓은 경험은, 훗날 저우쉬안이 출연한 사극 영화의 삽입곡을 창작하는 데 든든한 기반이 되었다.

비록 두 사람의 사랑은 완전한 결실로 이어지지는 못했지만, 함께 만든 음악은 시간이 흘러도 변치 않는 정서적 증거로 남아 있다. 그들의 사랑을 상징하는 대표적인 작품으로는 듀엣곡 〈도화강(桃花江)〉이 있으며, 이 곡의 큰 성공은 옌화에게 '도화왕자(桃花王子)'라는 별칭을 안겨주기도 했다.

앞서 언급한 바와 같이, 옌화의 음악 여정에서 다른 작곡가들과 구별되는 중요한 특징 중 하나는 그가 경극 배우로 활동한 이력이 있다는 점이다. 이와 같은 경력은 훗날 그가 사극 영화의 삽입곡을 작곡하는 데 있어 중요한 기반이 되었으며, 그의 작품 세계와 떼려야 뗄 수 없는 요소로 작용하였다. 영화 《맹강녀》, 《이삼낭》, 《삼소》, 《동소완》, 《서상기》 등은 모두 전통 사극 영화로 분류되며, 저우쉬안이 주연과 삽입곡을 동시에 맡아 출연한 작품들이다. 그의 음악은 좌익 음악가들의 작곡 방식이나 1930~40년대 유행하던 재즈 기반의 '시대곡(時代曲)'의 요소를 적절히 수용하면서도, 희곡에 대한 고유한 해석을 가미함으로써 독자적인 서정성과 전통성을 형성하였다. 이는 다른 작곡가들과의 분명한 차별점을 보여주는 지점이다.

특히 《서상기》에 수록된 7곡의 삽입곡 가운데 〈월원화호(月圆花好)〉는 가장 대표적인 곡으로 평가되며, 저우쉬안의 감성적 음색과 옌화의 서정적 멜로디가 절묘하게 어우러진 작품으로 손꼽힌다. 작사가 판옌차오(范烟桥)는 남송의 시인 장규(姜夔)의 시구에서 제목을 차용하였으며, 노래는 오(吳) 문화 특유의 '애상적이고, 부드러우며, 정교하고, 몽환적인' 정서를 고스란히 담아냈다. 가사에서는 전통 곤극(崑劇)의 형식을 참조하여 장단구를 활용함으로써, 전통 희곡 특유의 운율감을 효과적으로 살려냈다.

浮云散 明月照人来 뜬구름 흩어지고, 밝은 달빛이 사람을 비추네
团圆美满 今朝醉 오늘 밤 화목하고 원만한 술자리에 취하였네

清浅池塘 鸳鸯戏水 맑고 잔잔한 연못 위엔 원앙이 물장구치며 장난치고
红裳翠盖 并蒂莲开 붉은 치마, 푸른 덮개 아래엔 연꽃이 피어났네
双双对对 恩恩爱爱 짝이 되어, 다정하게 사랑을 속삭이네
这园风儿向着好花吹 이 정원의 바람은 고운 꽃을 향해 불어오고
柔情蜜意满人间 부드러운 정과 달콤한 마음이 온 세상에 가득하네

음악적으로는 오음음계를 기반으로, 완만한 리듬과 점진적인 선율을 사용하여 부드럽고 평화로운 분위기를 자아냈으며, 저우쉬안의 전통 희극 창법이 더해져 특유의 감성을 표현하였다. 반주와 편곡에 있어서는 재즈풍의 리듬이 도입되었고, 동양적 선율과 서양적 편곡이 조화를 이루며 세련된 음악적 결과물을 만들어냈다.

이처럼 노래 속에 등장하는 "달은 둥글고 꽃은 만개하다"라는 표현은 바로 그러한 소망을 상징하며, 가족의 행복과 재회의 염원을 담아내고 있다. 옌화는 중국의 전통적인 서정미가 짙게 배어 있는 고전 시문의 운율과 현대 음악 요소를 조화롭게 결합하며 저우쉬안에 대한 사랑 또한 고스란히 녹아 있다.

시간이 흘러도 저우쉬안의 목소리에는 옌화의 감성이 깃들어 있었고, 옌화의 멜로디에는 저우쉬안을 향한 마음이 스며 있었다. 세대를 초월한 감동적인 멜로디와 서정적인 가사 덕분에, 다양한 버전의 〈월원화호〉는 지금까지 많은 사랑을 받으며 꾸준히 불리고 있다. 이 곡은 훗날 대만 가수 덩리쥔(邓丽君), 시슈란(奚秀兰), 한바오이(韩宝仪), 페이위칭(费玉清), 이넝징(伊能静), 홍콩 가수 뭐원웨이(莫文蔚), 그리고 중국 본토의 장옌(张燕), 탕찬(汤灿), 펑리위안(彭丽媛), 숭주잉(宋祖英), 양위잉(杨钰莹) 등 수많은 가수들에 의해 리메이크되었다.

작곡가 천거신

마지막으로 주목할 유행가 작곡가 천거신은 1930~40년대 상하이와 홍콩을 중심으로 활동하며, 리진후이, 옌화, 리진광과 더불어 당대 유행가 형성에 핵심적인 역할을 한 인물이다. 그는 주로 영화 음악 작곡에 주력하였으며, 저우쉬안과의 협업을 통해 발표한 〈야상해〉, 〈화양적연화〉, 그리고 제1·2부로 구성된 〈봉황우비〉는 그의 대표작으로 평가된다.[84] 이 곡들 중 단연 〈야상해〉가 가장 널리 알려졌다.

상하이의 학자 천쯔산(陈子善)은 이 노래를 이렇게 평가했다.

> "이처럼 대중에게 사랑받은 〈야상해〉는 대상하이의 '음악적 풍속화'로, 화려한 불빛과 술의 향연 속 도시 풍경과 '하이파(海派)의 진한 정취를 생동감 있게 그려내어 상하이를 대표하는 곡이 되었다. 또한, 상하이의 '음악적 명함' 이기도 하다."[85]

이 곡의 작사 역시 판옌차오에 의해 완성되었다. 노래의 도입부에서는 상하이 밤거리의 화려하고 번화한 풍경이 그려진다. 이어지는

84) 천거신이 저우쉬안을 위해 자곡한 작품으로,〈야심침(夜深沉)〉, 〈가애적조성(可愛的早晨)〉, 〈불변적심(不變的心)〉, 〈봉인소시배인루(逢人笑時背人淚)〉, 그리고 〈막부청춘(莫負青春)〉, 〈예상대(霓裳隊)〉, 〈소소동방(小小洞房)〉, 〈영원적미소(永遠的微笑)〉, 〈화외류앵(花外流鶯)〉, 〈상사적자미(相思的滋味)〉, 〈심몽곡(尋夢曲)〉 등 다양한 감성의 곡들이 포함되어 있다. 또한 〈삽앙가(插秧歌)〉, 〈고강상(高崗上)〉, 〈공장(工場)〉, 〈평화격(和平鴿)〉, 〈혼례곡(婚禮曲)〉, 〈냉궁원(冷宮怨)〉, 〈어가녀(漁家女)〉, 〈도과차랭적동천(渡過這冷的冬天)〉, 〈풍우중적요람곡(風雨中的搖籃曲)〉, 〈가녀지곡(歌女之歌)〉, 〈전정만리(前程萬里)〉, 〈농인망(農人忙)〉, 〈삼개반구(三個斑鳩)〉, 〈삼성(三星)〉, 〈승리건국가(勝利建國歌)〉, 〈동요(童歌)〉, 〈오월적풍(五月的風)〉, 〈어향표묘곡(御香縹渺曲)〉 등이 있다.

85) 王勇·鲍静,《海上留声-上海老歌纵横谈》, 上海音乐出版社, 2009, 54.

두 번째 단락에서는 영화 속 주인공이 생계를 위해 마음속의 고통과 근심을 억누른 채, 웃는 얼굴로 무도장에서 노래를 부를 수밖에 없는 처지를 담아낸다. 이러한 내용은 앞서 묘사된 화려한 야경과 강한 대비를 이루며, 일본의 점령 하에 놓였던 당시 상하이 시민들이 얼마나 고단한 삶을 살았는지를 드러낸다. 그 속에서 느껴지는 허무함과 쓸쓸함, 그리고 강요된 웃음은 곡 전반에 깊은 정서적 울림을 부여하고 있다.

> 夜上海 夜上海
> 밤의 상하이, 상하이의 밤
> 你是个不夜城
> 당신은 밤이 사라지지 않는 도시
> 华灯起车声响
> 화려한 불빛이 켜지고, 차 소리가 울리며
> 歌舞升平
> 노래와 춤이 한창이네
> 只见她笑脸迎
> 그녀는 웃는 얼굴로 손님을 맞지만
> 谁知她内心苦闷
> 그 마음속엔 고통과 번민이 가득하네
> 夜生活都为了衣食住行
> 밤의 생활은 모두가 의식주를 위한 것이네(후략)

천거신의 이 곡은, 재즈 밴드 반주의 서양적 느낌과 중국 강남 민요풍 선율, 오음 조성을 결합하여 동서양의 요소가 어우러진 전형적인 무곡 스타일의 중국 유행가곡이다. 선율적으로 보면, 작곡자는 동기적 기법을 사용하여 la와 sol 음을 중심 동기로 삼았으며, "합미(合尾)" 방식으로 첫 번째 주제를 구성하였다. 두 번째 구는 첫 번째 주제를 바탕

으로 한 큰 도약을 사용하였는데, 첫 번째 구는 mi에서 re로(7도 도약), 두 번째 구는 mi에서 다시 mi로(8도 도약) 진행된다. 이러한 작곡 방식은 선율에 활기차고 익살스러운 느낌을 부여하며, 전체 주제의 분위기 또한 밝고 경쾌한 인상을 준다.

천거신

천거신은 리진후이, 옌화 등과 함께 유행가 시대를 대표하는 몇 안 되는 작곡가 중 한 사람으로, 좌익 음악인들의 활발한 혁명가요 활동으로 유행가의 입지가 점차 좁아지던 시기, 활동 무대를 홍콩으로 옮기며 '상하이풍(海派)' 시대곡 창작을 선도하였다. 그는 주로 영화 음악을 작곡했으며, 생애 동안 약 200여 곡을 남겼다. 대표작으로는 〈장미, 장미, 내가 너를 사랑해〉, 〈봉황우비〉, 〈야상해〉 등이 있으며, 특히 저우쉬안이 그의 곡들을 다수 불러 큰 사랑을 받았다. 그중 〈봉황우비〉와 〈야상해〉는 한때 상하이 전역을 매료시킬 만큼 대중적인 인기를 끌었다. 이처럼 상하이 출신의 배우들과 음악인들이 홍콩으로 활동 무대를 옮기면서, 상하이풍 유행가곡은 홍콩과 대만으로 전파되어 새로운 지역적 음악 문화의 흐름을 형성하는 데 기여하였다.

천거신은 리진후이, 옌화 등과 함께 유행가 시대를 대표하는 몇 안 되는 작곡가 중 한 사람으로, 좌익 음악인들의 활발한 혁명가요 활동으로 유행가의 입지가 점차 좁아지던 시기, 활동 무대를 홍콩으로 옮기며 '상하이풍(海派)' 시대곡 창작을 선도하였다. 그는 주로 영화 음악을 작곡했으며, 생애 동안 약 200여 곡을 남겼다. 대표작으로는 〈장미, 장미, 내가 너를 사랑해〉, 〈봉황우비〉, 〈야상해〉 등이 있으며, 특히 저우쉬안이 그의 곡들을 다수 불러 큰 사랑을 받았다. 그중 〈봉황우비〉와 〈야상해〉는 한때 상하이 전역을 매료시킬 만큼 대중적인 인기를 끌었다. 이처럼 상하이 출신의 배우들과 음악인들이 홍콩으로 활동 무대를 옮기면서, 상하이풍 유행가곡은 홍콩과 대만으로 전파되어 새로운 지역적 음악 문화의 흐름을 형성하는 데 기여하였다.

시대곡의 성숙기인 1940년대 중후반은 중국 전통 희곡, 재즈풍의 시대곡, 그리고 성악 장르인 가곡이 공존하면서, 대중음악의 다원화가 본격적으로 이루어진 시기라고 할 수 있다. 이 시기는 저우쉬안의 창법 또한 가장 안정된 단계에 도달한 시기로 평가된다. 그녀는 중국 민가의 전통 창법과 서양의 벨칸토(bel canto) 창법을 절묘하게 융합하였으며, 마이크를 활용한 세밀한 호흡 조절과 감정 표현을 통해 섬세하고도 풍부한 음색을 구현해냈다.

1940년대 전후, 그녀는 '기성창법'을 혁신하며 당대 가수들은 물론, 후대 가수들에 의해 재해석되고 리메이크되며 시간과 공간을 초월한 음악적 연속성을 만들어내고 있다는 것이다. 이는 그녀가 단순한 인기 가수를 넘어 당대 음악계에서 독보적인 위치를 차지했음을 보여주는 중요한 요소라 할 수 있다.[86] 이러한 창법은 그녀의 음악적 정체성을 확립하는 데 중요한 역할을 했으며, 당시 대중음악의 예술적 수준을 한층 끌어올리는 데 기여했다.

저우쉬안은 3년 사이 홍콩에서 촬영한 음악영화 《장상사》, 《청궁비사》[87] 등 8편과 40여 곡의 삽입곡은 그녀의 음악적 인생을 전례 없는 절정으로 이끌었으며, 그녀를 "민국 시대곡"과 "홍콩 국어 시대곡"의 역사적 연결 지점에 "서지 않을 수 없게" 만들었다.[88] 특히, 1948년에 개봉한 사극 《청궁비사》 영화도 홍콩에서 큰 성공을 거두며, 미국과 일본에서도 잇따라 방영되어 국제적인 주목을 받았다. 영화의 음악 또한 이러한 역사극에서 중요한 요소로 작용하며, 중국 전통 음악의 특징을 지니고 있었다. 희곡 예술은 당시 중국인들에게 중화민족의 전통

---

86) 项筱刚, 〈周璇的历史意义~为周璇逝世60周年而写〉, 音乐艺术 제1호, 2018; 王思思, 〈左翼电影音乐研究〉, 上海大学博士论文, 2019, 135.

87) 王群, 〈周旋-一个时代的声音和影像〉, 当代电影(3), 2008, 35.

88) 项筱刚, 〈周璇、邓丽君能"划时代"吗？〉, 音乐文化研究 제3호, 2021, 31.

적 심리를 형성하고 발전시키는 데 있어, 다른 어떤 예술 장르도 대체할 수 없는 중요한 역할을 했음이다. 이는 훗날 '상하이풍' 유행음악이 홍콩과 대만으로 유입되어 새로운 환경에서 발전하게 되는 중요한 계기가 되었다.

6. 스크린 뒤의 고독과 남겨진 이야기

홍콩에서의 전성기를 지나 두 번째 사랑의 실패를 겪은 저우쉬안은 상하이로 돌아온 이후, 병원의 삶을 제외하고는 신중국 건국 이후 7년 동안 더 이상의 예술 활동 없이 생을 마감하게 된 것으로 확인된다. 그녀의 사후에도 다양한 논란은 끊이지 않았으며, 그중 가장 큰 사회적 이슈는 차남 저우웨이와 양부모 간의 법적 공방이었다. 이 공방의 중심에 선 인물인 저우웨이의 실체를 규명하기 위해서는, 저우쉬안이 남긴 마지막 이야기들을 되짚어볼 필요가 있다.

1957년 1월, '쩌우서우전(周手珍)'이라는 이름으로 정신병원에서 자취를 감췄던 저우쉬안이 간호사의 도움으로 다시 세상에 모습을 드러냈다. 그녀의 적극적인 호소와 병원 측의 관심 속에 치료를 받은 저우쉬안은 5월에 건강을 회복했다고 보도되었고, 이 소식은 전국적으로 알려졌다. 수천 명의 팬들이 그녀에게 위문편지를 보냈고, 그녀의 다음 작품에 대한 기대가 커졌다. 그러나 몇 달 뒤인 9월, 그녀의 갑작스런 사망 소식에 팬들은 큰 충격을 받았다. 그 결과, 《화평합(和平鴿)》는 저우쉬안의 마지막 영화로 기록되었다.

이 시기에 그녀는 세 번째 운명적인 남자, 미술 교사 탕디(唐棣)를 만나게 된다. 두 사람의 관계에 대해서는 여러 추측과 증언이 오갔지만, 결국 그들은 결혼에 이르지는 못했다. 그러나 이 관계에서 두 번째 아들인 저우웨이가 태어났다.

저우쉬안과 탕디가 만난 시점은 그녀가 주화이더와 결별한 후 상하이로 돌아와 《和平鴿》를 찍으면서 극심한 정신적 불안을 겪으며 병원

치료를 받던 때였다. 당시 저우쉬안은 양모와 함께 지내고 있었는데, 양모는 탕디가 그녀의 재산을 노리고 접근했으며, 그녀가 정상적인 판단을 할 수 없는 상태에서 임신에 이르게 했다는 의혹을 끊임없이 제기했고 법원에 상고하였다. 결국 탕디는 상하이 법원에서 유기 및 강간 혐의로 3년 형을 선고받고 수감되었다.

저우쉬안이 세상을 떠나자 차남인 저우웨이는 고아원에 맡겨졌다가 7살이 되던 해에 양부모와 함께 살게 되었다.

> "어떤 이는 돈을 노리고, 어떤 이는 돈을 얻기 위해 수단과 방법을 가리지 않으며, 어떤 이는 지극히 이기적인 심리로 의심하고, 어떤 이는 그녀의 정신력을 심하게 타격하였고… 어떤 사람은 어머니의 큰 재산을 받고도 나를 부당하게 대하고, 나와 어머니를 갈라놓으며, 나의 출생 호적을 찢어내고, 어머니의 추모식에 참석하지 못하게 하고, 심지어 고아원에 보내기도 하고, 내 이름과 성을 바꾸기도 …내가 지고 가게 된 이 모든 것은 바로 내가 어머니의 유산을 물려받을까 봐 두려운 것 뿐이었다."

저우웨이는 자신이 겪은 모든 고난이 '돈'과 '시기'에서 비롯되었다고 강조하며, 양모 황중잉이 어머니의 유산을 부당하게 차지했다고 주장하며 소송을 제기하였으며, 이로 인해 양측 간의 법정 공방이 시작되었다.[89] 4년에 걸친 법적 공방 끝에, 1990년 상하이 중급인민법원은 저우웨이의 손을 들어주는 판결을 내렸다.[90] 이에 대해 형인 저우민은 반박하며 어머니 저우쉬안의 일기와 서신을 바탕으로 《저우쉬안 일기》란 책을 출간했다. 저우민은 여러 차례 인터뷰에서 "신중국과 인민정부는

---

89) 〈周伟要求黄宗英归还周璇遗产〉, 上海, 新民晚报, 1986年11月8日. 周伟·常晶, 《我的妈妈周璇》, 山西人民出版社, 1987(초판), 2002(재판).

90) 百度: 周璇遗产案, https://baike.baidu.com/item/3329618(2025년 1월 11일 검색).

어머니 저우쉬안을 항상 깊이 배려해주었고 마음을 다해 도와주었다" 라고 강조했다. 이 과정에서 형제는 각자의 관점에서 서로 다른 주장을 펼치며 깊은 갈등과 상처를 남겼다.

시간이 흐르면서 두 형제는 잦은 연락과 화해의 손길을 주고받으며, 점차 마음의 벽을 허물어갔다. 그들은 어머니 저우쉬안의 음악적 유산을 보존하고 그 가치를 기리기 위한 다양한 기부 활동과 음악 프로젝트에 함께 참여하며, 과거의 갈등을 뒤로한 채 화합의 모습을 보여주었다. 어머니의 노래는 다시금 두 형제를 하나로 묶는 연결고리가 되었고, 이는 저우쉬안이 노래로 삶을 시작해, 결국 노래로 생을 마감한 것과 맞물려 그녀의 인생을 더욱 의미 깊게 되새기게 만드는 결말이 되었다.

이처럼 저우쉬안의 음악은 과거와 현재, 나아가 미래를 잇는 문화적 연결 고리로서, 중국 유행음악의 정체성과 지속 가능성을 탐색하는 데 중요한 출발점이 된다. 중국 근대 유행음악을 주제로 한 공연을 위해 저우쉬안의 대표곡들을 분석하고 관련 자료를 조사·정리하는 동안, 그녀의 음악적 성과와 독창적인 가창 스타일이 단지 특정 시대에 머무르지 않고, 세대를 넘어 수많은 후대 가수들에게 깊은 영향을 끼쳐왔다는 사실을 확인할 수 있었다. 특히 저우쉬안의 노래는 현재까지도 다양한 방식으로 재해석되고 소비되며, 문화적 담론 속에서 지속적으로 회자되고 있다는 점에서, 그녀의 예술성과 그 문화적 함의를 심도 있게 고찰할 필요가 있음을 인식하게 되었다.

제3장
시대와 공간을 이어주는 노래

저우쉬안(周璇)의 노래는 단순한 유행가를 넘어, 시대의 정서와 감성을 응축한 문화적 상징으로 자리매김하고 있다. 그녀의 목소리는 1930~40년대 격동의 중국 근대사 속에서 대중의 상처와 희망을 동시에 어루만지는 매개체였으며, 시대를 초월한 감성적 울림을 지닌다.

그녀의 노래가 오늘날에도 회자되는 이유는 단지 음악적 완성도나 인기 때문만은 아니다. 저우쉬안은 영화와 음악, 전통과 근대, 동서양의 요소가 교차하던 상하이 시대의 독특한 문화 지형 속에서, 시대의 아이콘으로서 대중과 깊이 교감했던 인물이다. 그녀의 노래는 단순히 과거를 회상하는 향수가 아니라, 그 시대를 살아낸 사람들의 감정과 정체성을 고스란히 품고 있는 '기억의 사운드트랙'이라 할 수 있다.

1. 저우쉬안에 대한 재소환

1) 새로운 무대 위로의 소환

1930~40년대 상하이는 유행음악의 중심지였다. 이 시기, 노래하는 여성이 무대와 스크린, 음반 시장의 교차점에 위치하면서 유행음악의 중심 축을 담당했다. 무대에서의 인기가 영화 출연으로 이어지고, 영화 속 삽입곡은 다시 음반의 성공을 이끌어내는 삼각 시스템의 중심에는[91] '노래하는 배우' 저우쉬안이 있었다.

저우쉬안이 세상을 떠난 지 70여 년이 지났지만, 그녀의 노래와 서사는 여전히 스크린·브라운관·무대 위를 오가며 새롭게 재해석되고 있다.

2000년 왕자웨이(王家衛) 감독의 영화 ≪화양연화(花樣年華)≫ 속에서 소프라노 음색의 노래가 라디오 수신기를 통해 흘러나오는 장면이 등장한다. 영화는 이 장면에서 1930~40년대 민국 시기의 영화와 음악을 감각적으로 재구성함으로써, 당대 문화예술에 대한 향수를 자극하는 동시에, 저우쉬안이라는 전설적인 가수이자 배우에 대한 새로운 세대의 관심을 이끌어내는 계기로도 작용하였다.[92]

아래 일곱 편의 작품 흐름만 살펴봐도, 한 인물의 예술적 유산이 세대를 넘어 어떻게 살아 움직이는지 생생히 느껴진다.

---

91) 송화숙, 〈"님은 언제 다시 오나": 노래하는 여성과 노래의 정치학〉, 27집 제4호, 2021, 219.

92) 项筱刚, 〈周镟的历史意义〉, 音乐艺术 1호, 2018, 168.

연도	장르	작품	특징적 의미
1955	영화	《금성자》(金嗓子)	- 사후 불과 8년 만의 전기 영화. - 신중국 초기 문화정책 속에서도 "국민적 스타"를 문화 자산으로 복권하려는 움직임.
1987	영화	《일대가후》(一代歌后)	- 개혁개방 이후 본격적 상업영화 시대의 포문. - '디바' 신화를 향수·멜로드라마로 재포장, 대도시 관객에게 복고 열풍 촉발.
1989	드라마	《천애가녀》(天涯歌女)	- 저우쉬안의 대표곡 제목을 그대로 차용. - 정치·가족·연애 서사를 더해 여성 서발턴 서사 재해석.
1995	TV 드라마	《저우쉬안》(周璇)	- 40부작 대형 기획으로 삶 전체를 장르 혼합 포맷으로 재현. - '별처럼 짧고 찬란했던' 삶을 전면 조명하며 대중문화사 교과서적 위치 굳힘.
2006	뮤지컬	《저우쉬안》(周璇)	- 주크박스 뮤지컬 형식을 빌려 원곡·신편곡을 안무와 결합. - 관객 참여형 공연으로 1930–40년대 상하이 낭만을 현장 체험화.
2008	TV 드라마	《천애가녀》(天涯歌女)	- 1989년 버전을 현대 드라마 문법으로 리부트. - HD 영상·하이브리드 OST로 '레트로+모던' 트렌드 확산.
2010	무용극	《저우쉬안》(周璇)	- 무용·영상·실황 연주가 어우러진 컨템퍼러리 무극. - 보이스 샘플링·멀티미디어로 "보이지 않는 목소리"를 시각화, 21세기식 오마주 완성.

저우쉬안의 삶과 음악은 그녀가 세상을 떠난 뒤에도 계속해서 새로운 무대 위로 소환되었다. 맨 먼저, 1955년 영화 《금성자(金嗓子)》가 '황금 목소리'라는 별명을 앞세워 저우쉬안의 전설적인 데뷔와 짧지만 강렬했던 전성기를 스크린에 옮겼다. 그로부터 30여년 뒤인 1987년, 영화 《일대가후(一代歌后)》는 개혁개방 이후 극장가의 복고 열풍 속에서 디

바 신화를 재포장하며 관객들에게 향수를 안겨 줬다. 1989년 드라마 《천애가녀(天涯歌女)》는 그녀의 대표곡 제목을 차용해 저우쉬안의 음악과 사랑, 그리고 시대적 굴곡을 서정적으로 풀어냈고, 1995년 TV 드라마 《저우쉬안》은 40부작 대장정으로 그녀의 삶 전반을 조명하면서 대중문화사 속 교과서 같은 위치를 확립했다.

2000년대에 들어서면서 재현 방식이 더욱 다채로워졌는데, 2006년 뮤지컬 《저우쉬안》은 주크박스 형식의 공연으로 1930–40년대 상하이의 낭만을 관객이 체험하도록 기획하였다. 2008년 TV 드라마 《천애가녀》는 HD 영상과 현대적 사운드트랙을 입혀 1989년 버전을 다시 태어나게 했고, 2010년 무용극 《저우쉬안》은 컨템퍼러리 댄스·멀티미디어·실황 연주를 결합해 '보이지 않는 목소리'를 시각화해냈다.

이처럼 영화·드라마·뮤지컬·무용극에 이르기까지 다양한 장르에서 반복적으로 저우쉬안을 소환했다는 사실은, 그녀가 단순한 과거의 스타를 넘어 매 시대가 자신을 비춰보는 거울이자 창작 실험실로 기능해 왔다는 걸 보여준다.

2) '저우식' 감성의 재해석

저우쉬안은 유행음악과 영화음악의 경계를 허물고, '뜻하지 않게' 두 분야 모두에서 "가장 큰 성공을 거둔 인물"이자, "눈부신 스타"로 자리매김하게 되었다.[93] 이는 그녀가 단순한 인기 가수를 넘어, 당대 음악

93) 项筱刚, 〈周璇的历史崛起~为周璇逝世六十周年而写〉, 歌唱艺术 10期, 2017, 167.

계에서 독보적인 위치를 차지했음을 방증하는 지점이다.[94] 그러나 그녀가 부른 노래는 상하이의 퇴폐적 문화와 결부되어 당시 복잡한 정세 속에서 '황색가요(黃色歌謠)'[95]라는 낙인을 받는 등 문화정치의 중심에서 이념적 긴장의 대상으로 떠오르기도 했다.

3장에서는 저우쉬안의 가창 특징이 동시대 가수들뿐만 아니라, 이후 홍콩과 대만을 거쳐 중국 대륙의 1세대 가수들에게도 깊은 영향을 미쳤다는 점에 주목한다. 1절에서는 대만 출신의 가수 덩리쥔(鄧麗君)을 중심으로 저우쉬안의 음악적 유산이 이후 어떻게 계승되고 확대되었는지를 살펴볼 것이다.

저우쉬안이 사망한 지 약 10여 년 후인 1970년대에 등장한 덩리쥔 역시 저우쉬안과 마찬가지로 14세에 가수로 데뷔하였다. 흥미로운 점은 그녀의 첫 앨범이 다름 아닌 저우쉬안의 대표곡들을 리메이크하는 것으로 시작되었다는 사실이다. 결과적으로 저우쉬안의 음악적 유산은 덩리쥔을 통해 다시 한번 대중 속에 살아나며, 중국 유행음악의 정체성을 이어주는 중요한 가교 역할을 하게 된 것이다.[96] 그러나 덩리쥔 역시 '황색가요의 부활'이라는 프레임 속에 이념적 통제의 시선을 피할 수 없었다. 특히 그녀가 저우쉬안의 대표곡인 〈하일군재래(何日君再來)〉

94) 王思思, 〈左翼电影音乐研究〉, 上海大学博士论文, 2019, 135; 项筱刚, 〈周璇的历史意义~为周璇逝世60周年而写〉, 音乐艺术 제1호, 2018.

95) 황색가요란 말은 현대적 맥락에서 그 의미가 더욱 광범위해져서 사회주의 이데올로기적 관점에서 '건강치 못한 음악' 예컨대 '음란, 낯간지러운, 경박한, 퇴폐적, 비관적, 염세적, 자극적, 감각적, 문란한, 사랑이라는 이름을 내건, 입에 발린 사랑노래, 봉건적 사상이나 정치적 반동을 선동하는 모든 것'들이 포함되었다. 王云階, 《從衡量靡靡之音的尺寸談起, 怎样鉴别黄色歌曲》, 上海, 人民音乐出版社, 1982, 37.

96) 项筱刚, 〈周璇的历史崛起~为周璇逝世六十周年而写〉, 歌唱艺术 10호, 2017, 16.

를 리메이크한 것이 당국의 비판 대상으로 다시 소환되었다는 것이다.

덩리쥔의 노래가 본토 대중의 마음을 뜨겁게 사로잡던 1980년대, 대륙의 제1세대 유행가 가수들 사이에서도 청아하고 달콤한 목소리로 대중의 사랑을 받은 가수들이 속속 등장하기 시작했다. 2절에서는 이 가운데 대표적인 인물인 리꾸이(李谷一)를 중심으로 논의를 이어가고자 한다. 리꾸이는 저우쉬안과 덩리쥔의 음악적 전통을 잇는 대표적인 가수로, 이들의 영향을 어떻게 수용하고 변용했는지를 통해 중국 유행음악의 계보와 그 문화적 의미를 조망할 수 있다.

특히 주목할 점은, 감성적인 보컬 스타일과 폭넓은 대중적 파급력을 공유한 리꾸이 역시 '이념적 긴장'의 중심에 놓였다는 사실이다. 그녀의 가창 스타일이 저우쉬안과 덩리쥔을 연상시킨다는 이유로, 당국의 비판 대상이 되었던 것이다. 이는 앞서 '저우식' 감성과 '덩식' 표현 방식이 문화 이념과 충돌했던 전례와 같은 맥락에서 이해될 수 있다. 그럼에도 불구하고, 그녀는 저우쉬안과 덩리쥔의 음악적 전통을 계승하면서도 민족음악과 서구 음악의 요소를 절충하여 자신만의 '리꾸이식' 창법을 정립해 나갔다.

이처럼 세 명의 여성 가수는 각기 다른 시대와 공간을 초월하여 단순한 음악적 영향력을 넘어, 금지와 수용, 이념과 감성이라는 긴장 구조 속에서 대중과 국가 사이의 갈등을 드러내는 상징적 인물들이기도 하다. 이러한 맥락에서 20세기 중국 유행음악의 흐름은 단절이 아닌 연결과 변용의 문화사로 이해되어야 한다. 저우쉬안, 덩리쥔, 리꾸이로 이어지는 음악적 계보는 서로 다른 시공간 속에서도 정서적 표현과 미학적 감수성의 연속성을 보여주며, 중국 유행음악의 정체성 형성과 발전에 결정적인 역할을 해 왔다.

2장에서 저우쉬안을 중심으로 그녀의 생애와 음악 세계를 집중적으로 조명하였다면, 이어지는 3장에서는 그녀를 하나의 고립된 인물이 아닌, 이후 세대 여성 가수들과의 연속성과 차이를 함께 살펴보는 보다 확장된 시각에서 접근하고자 한다. 저우쉬안 이후 등장한 대표적인 여성 가수들이 각자의 시대적 배경 속에서 어떤 방식으로 음악적 정체성을 형성해 왔는지, 그리고 이들이 공유하거나 단절한 문화적 코드가 무엇인지에 대해 본격적으로 탐색해 본다. 이를 통해 20세기 중국 유행가곡이 어떠한 문화적 경로를 거쳐 변화하고 발전해 왔는지를 입체적으로 이해할 수 있을 것이다.

당시 대부분의 가수들이 전통 창법의 틀 안에서 활동하던 시기에, 저우쉬안은 그 한계를 뛰어넘어 새로운 감각과 발성법을 과감히 실험하고 정립하였다.

그러나 그녀가 부른 모든 곡이 긍정적인 평가를 받은 것은 아니었다. 특히 그녀의 두 번째 영화 《삼성반월》(1938)의 삽입곡 〈하일군재래〉는 발표 이후 다양한 정치적 해석과 우여곡절을 겪었으며, 국민당과 일본 당국으로부터 '정신을 해이하게 한다'는 비판을 받았다. 영화에 처음 등장했을 때, 이 곡은 본디 댄스홀에서 춤을 추는 장면을 위해 만들어진 곡이었다. 하지만 국민당 측에서는 이 곡이 혁명 의지를 약화시킬 수 있는 소극적인 노래로 인식되었다.[97] 반면 민중들의 입장에서는, 연이은 패배와 비관적인 현실 속에서 이 곡이 잠시나마 위로와 정서적 안식을 제공해주는 창구였을지도 모른다.[98]

97) 甄光俊, 〈进步唱片遭汉奸政权禁毁〉, 天津日报, 2013-01-21.

98) 〈靡烂的孤岛生活〉, 新中国, 1939(2-2), 71쪽; 仲咏洁·王升远, 〈"亡国恨"与"后庭

이후 이 곡은 다양한 영화 속에 삽입곡으로 활용되면서 노래가 영화보다 더 유명해진 대표적인 예라고 할수 있다.[99] 게다가 1939년 일본 도호영화사와 만주영화협회의 합작영화 〈백란의 노래(白蘭の歌)〉에 이 곡이 삽입되고 주인공 리샹란(李香蘭)에 의해 다시 불려지면서 더욱 복잡한 정치맥락 안으로 얽혀 들어가게 된다.[100] 결국 이 곡은 이른바 '황색가요'의 대표적 사례로 지목되며, 그녀 역시 그 대표 가수로 낙인찍히는 상황에 놓였다. 이 점에서 그녀는 훗날 덩리쥔과 리꾸이와 더불어, 모두 당대 정치 이념과 긴장을 조성한 가수로 연결된다.

전쟁으로 상하이 음악계가 일시적으로 침체된 가운데, 저우쉬안은 보다 안정적인 제작 환경과 새로운 청중층을 찾아 홍콩으로 이주하였다. 저우쉬안이 활동 무대를 홍콩으로 옮긴 시기는, 본 연구의 문제의식을 형성하는 핵심적 동인으로 작용하였다. 이 시기는 그녀의 예술 인생에서 또 하나의 전성기로 평가된다. 이 과정은 그녀 특유의 '상하이풍' 유행가곡이 홍콩과 대만 등 지역으로 확산되는 계기가 되었고, 나아가 그녀의 음악이 단순한 지역적 유행을 넘어 '중화권의 목소리'로 상징화되는 중요한 전환점이 되었다. 이처럼 저우쉬안의 예술적 성취, 삶의 서사, 독자적인 창법, 그리고 시대와 지역을 아우르는 음악적 확산은 훗날 수많은 가수들에게 귀감이자 모방의 대상이 되었다.

그러나 무대 위의 찬란한 명성과는 달리, 그녀의 삶 이면에는 늘 불안정한 개인사가 그림자처럼 따라다녔다. 상하이와 홍콩에서의 눈부

花"~战时语境下"何日君再来"的浮沉〉, 吉林艺术学院学报 6호, 2016, 43.

99) 안영은, 〈덩리쥔(鄧麗君)과 감성계몽〉, 한국중어중문학회 83권, 2021, 128.

100) 송화숙, 〈"님은 언제 다시 오나": 노래하는 여성과 노래의 정치학〉, 이화음악논집 27집 제4호, 2021, 225.

신 성공에도 불구하고, 세 번의 사랑에서 깊은 상처를 입은 저우쉬안은 끝내 마음의 안정을 찾지 못한 채 정신병원에 수용되어 세상과 점차 단절된 삶을 이어가게 된다. 그리고 끝내 어린 두 아들을 남긴 채, 37세의 짧은 생을 마감하였다. 저우쉬안의 생애는 한 개인의 비극을 넘어, 전쟁과 근대화, 그리고 여성 예술가의 정체성이 맞물린 중국 현대사의 문화적 상징으로 자리매김한다.

2. 덩리쥔(鄧麗君): 서정성과 시대 초월의 감성

"作为华人音乐历史中不可替代的巨星, 她不仅影响了中国流行音乐的发展, 更在文化领域里影响了华人社会。她是一位歌者, 也是一个文化符号。"

화인 음악 역사에서 대체 불가능한 거성으로서, 그녀는 중국 대중음악의 발전에 영향을 미쳤을 뿐만 아니라, 문화 영역에서도 전 세계 화인 사회에 깊은 영향을 끼쳤다. 그녀는 단순한 가수가 아니라, 하나의 문화적 상징이었다.

-인민망 평

덩리쥔

"邓丽君的音乐代表了70年代中期至80年代的亚洲流行音乐的较高水平。对于中国内地流行音乐的早期开发, 她的音乐无疑起到了发凡启蒙的作用。"

덩리쥔의 음악은 1970년대 중반부터 1980년대에 이르는 아시아 대중음악의 비교적 높은 수준을 대표한다. 중국 본토 대중음악의 초기 개척에 있어서 그녀의 음악은 의심할 여지 없이 시작을 알리고 계몽적인 역할을 했다."

-中国音协流行音乐学会原常务副主席 金兆钧

저우쉬안이 세상을 떠난 지 10년 뒤, 14세의 덩리쥔은 중국 유행음악의 역사적 무대에 등장한다. 마흔둘에 천식으로 갑작스럽게 사망할 때까지 모국인 타이완뿐만 아니라 동남아시아와 일본을 넘나들며 활동한 덩리쥔은 '10억의 박수 소리' '아시아의 가희(歌姬)' '영원한 노래 여왕' 등 수많은 별칭에 걸맞은 아시아의 '영원한 연인'으로 대중문화사에 깊은 흔적을 남긴 인물로 자리매김하였다.

국내에서는 덩리쥔의 생애와 음악적 궤적을 다룬 번역서로 『등려군』

(장제, 2017)과 그녀의 삶을 사회·역사적 맥락에서 조명한 『가희 덩리쥔 歌姬鄧麗君』(최창근, 2017) 등이 참고서로 소개되고 있다. 또한 덩리쥔을 본격적으로 다룬 학술 연구로는 안영은(2021)의 〈덩리쥔(鄧麗君)과 감성계몽〉과 송화숙(2023)의 〈"님은 언제 다시 오나": 노래하는 여성과 노래의 정치학〉[101] 등이 있으나, 관련 논의는 여전히 제한적인 실정이다.

먼저, 덩리쥔과 저우쉬안 사이의 1차적인 연관성을 살펴보자. 덩리쥔은 1953년 1월 29일 타이완에서 태어나, 초등학교 6학년이던 1964년 라디오 방송국이 주최한 황메이띠오(黄梅調) 경연에서 최연소 참가자로 우승하며 가수의 길을 걷기 시작했다. 덩리쥔의 첫 앨범 『봉양화고(凤阳花鼓)』는 아이러니하게도 중국 민요와 '상하이 옛노래'를 새로운 스타일로 해석한 음반으로 출발하였다. 앨범 속 취입했던 〈봉양화고〉, 〈천애가녀〉, 〈사계가〉, 〈채빈랑(采槟榔)〉, 〈하일군재래〉를 비롯한 상당수는 1930~40년대 상하이에서 제작된 유행가곡으로, 대부분 저우쉬안이 부른 곡들이다. 덩리쥔은 저우쉬안 특유의 '낮고, 느리며, 부드럽고 여린' 창법을 한층 더 세련되고 현대적인 감성으로 계승·발전시키[102]면서도 대중적 친숙함과 고급스러움을 동시에 전달했다.

덩리쥔의 목소리는 청아하고 달콤하면서도, 유려한 선율과 깊은 감정을 담아내는 풍부한 표현력으로 잘 알려져 있다. 그녀 또한 후천적인 노력과 끈질긴 연습을 통해 널리 회자되던 하나의 명제를 입증하게 된다. 그것이 바로 "대중음악은 일본이 유럽·미국을 모방하고, 홍

---

101) 안영은, 〈덩리쥔(鄧麗君)과 감성계몽〉, 한국중어중문학회 83권, 2021, 109-135; 송화숙, 〈"님은 언제 다시 오나": 노래하는 여성과 노래의 정치학〉, 이화음악논집 27집 제4호, 2021, 211-245.

102) 项筱刚, 〈周璇、邓丽君能"划时代"吗?〉, 音乐文化研究 3호, 2021, 31.

콩·대만이 일본을 따라하며, 중국 대륙은 홍콩·대만을 배운다"는 그 말이다.[103]

덩리쥔의 음악 활동 무대는 저우쉬안과 비교했을 때 훨씬 더 넓고 국제적인 범위로 확장된 것이 사실이다. 그녀의 영향력은 홍콩과 싱가포르 등 중화권을 넘어, 태국·말레이시아·인도네시아 등 동남아시아 전역에까지 미쳤다. 특히 1974년 일본 진출을 계기로, 대만·일본·홍콩을 중심으로 활발한 활동을 이어가며 아시아 전역에서 폭넓은 팬층을 확보하게 되었다. 미국까지 진출하며 활동 범위가 넓었던 만큼 사용 언어 또한 다양했다. 중국어(표준어, 대만어, 광둥어)를 비롯해 일본어, 영어, 인도네시아어 등 여러 언어로 노래를 부르며, 아시아 전역의 청중과 깊은 정서적 교감을 형성했다. 이러한 다언어적 소통 능력은 그녀의 음악이 국경과 문화의 장벽을 넘어 중국 전통 민요, 상하이 옛노래, 일본 엔카, 대만 민요 등 다양한 음악적 요소를 흡수해 독창적인 스타일을 구축하는 데 결정적인 역할을 했다.

덩리쥔의 이름은 1978년 덩샤오핑의 개방정책과 함께 중국 본토에도 전해지기 시작했다. 1979년 초, 대도시의 신문 가판대에는 그녀의 사진이 등장했고, 이미 몇 년 전부터 단파 라디오를 통해 들려오던 그녀의 노래는 베이징, 상하이, 광저우 등지에서 널리 퍼졌다.[104] 같은 해 타이완 중앙방송국은 대륙 청중을 대상으로 매주 여섯 차례, 저녁 8시에 '덩리쥔 시간'을 25분간 방송하기 시작했고,[105] 이 프로그램은 1995

103) 위와 동일함, 29.

104) 师永刚·昭君·方旭, 〈永远的邓丽君〉, 文史博览 11, 2005, 38-40; 趙勇·祝欣, 〈鄧麗君, 流行音樂與20世紀80年代的批判話語〉, 文學與文化 1期, 2014, 9(재인용).

105) 馬多思, 〈偷聽鄧麗君的日子〉, 文史博覽 第11期, 2013, 48-49.

년 그녀가 사망할 때까지 16년간 지속되었다. 본토 청중들은 매주 정해진 시간에 라디오를 통해 덩리쥔의 목소리를 들을 수 있었던 것이다.[106] 특히 남방 도시에서는 그녀의 테이프가 혼수품목으로 여겨질 정도였다. 카세트테이프 등은 주로 홍콩과 타이완 화교들의 방문을 통해 제한적으로 유입되었지만, 그보다 훨씬 많은 양이 은밀한 경로를 통해 반입되며 유행을 이끌었다. 공식 매체가 아닌 지극히 사적인 방식으로 그녀의 음악이 전파되고 대중적으로 사랑받았다는 점은 당시로서는 매우 놀라운 것이었다.[107]

1980년대는 그녀의 음악 인생에서 황금기로 평가된다. "낮에는 라오 덩(老鄧)의 말을 듣고, 밤에는 샤오 덩(小鄧)의 노래를 듣는다"는 말이 회자될 만큼 덩리쥔의 감미로운 음악은 '높고 강하고 단단하고 경직된 소리(高, 强, 響, 硬)'의 혁명가요를 대체하였다.[108] 덩리쥔은 1930~40년대 상하이 유행가곡을 다시 열창하며 대륙의 대중들에게 강렬한 향수를 불러일으켰고, 그녀의 부드럽고 감성적인 가창 스타일은 원곡에 새로운 생명을 불어넣었으며, 그녀의 음악은 동시대 대중들에게 과거와 현재를 잇는 다리 역할을 수행했다.

1981년은 '덩리쥔 노래 금지령'이 전국적으로 시행되[109]던 시기였다.

---

106) 彭英姿, 〈鄧麗君音樂對中國內地流行樂壇的影響研究〉, 南昌: 江西財經大學碩士學位論文, 2009, 31.

107) 안영은, 〈덩리쥔(鄧麗君)과 감성계몽〉, 한국중어중문학회 83권, 2021, 114.

108) 위와 동일함, 121.

109) 이로 인해 그녀의 음반과 테이프가 압수되었고, 거짓 신고가 드러날 경우 급여 삭감이나 인사 불이익이 따르기도 했다. 연해 지역에서는 불법 복제 테이프를 바다에 폐기처분 했다고 보도되는데, 당국의 공식 추산으로 중국 본토 전역에 퍼진 덩리쥔 불법복제 테이프 수량을 약 2억 개로 추산하였다. 최창근, 《가희 덩리쥔》, 파주: 한길사, 2017, 238-239.

수많은 곡들 가운데 특히 집중적인 비판의 대상이 되었던 것은 바로 저우쉬안의 대표곡인 〈하일군재래〉였다. 이 곡의 험난한 역정은 일찍부터 예견된 것이라고 할 수 있을 것이다.[110] 표면적으로 보면, 이 곡은 전형적인 청춘남녀의 사랑과 이별을 다룬 처량하고 아름다운 노래로 해석될 수 있다. 사랑하는 사람과 헤어져야만 하는 상황에서, 떠난 이에게 다시 만날 수 있는 날을 기약할 수 없다는 한탄이 담겨 있다. 그런데 이 곡은 발표 당시 "퇴폐적인 노래"로 간주되어 국민당과 일본군의 강한 제지의 대상이 되었[111]고 40년이 지난 개혁개방 신시기를 맞은 1980년대 초반에도 이 곡은 여전히 '황색가요', '미미지음(靡靡之音)'의 대표곡으로 규정되었다.[112]

1981년 『인민일보(人民日报)』는 덩리쥔의 노래가 "국민당과 일본에 대항하던 이들의 전투 의지를 마비시켰으며, 이제는 중국 본토를 겨냥하고 있다"[113]며 강도 높은 비판을 제기하였다. 1982년 베이징 인민음악

---

110) 应国靖, 《也谈〈何日君再来〉问世经过, 怎样鉴别黄色歌曲》, 上海: 人民音乐出版社, 1982, 48-49.

111) 중국과 교전 중이던 일본 본토에서는 "외국의 부드러운 사랑 찬가가 풍기를 문란하게 한다"는 이유로 이 곡의 중·일 버전 음반 발매가 금지되었다. 또한, 주중 일본 대사관에서도 이 곡의 가창을 금지하라는 명령을 내린 바 있다. 仲咏洁·王升远, 〈"亡国恨"与"后庭花"~战时语境下"何日君再来"的浮沉〉, 吉林艺术学院学报 6호, 2016, 39-43; 甄光俊, 〈进步唱片遭汉奸政权禁毁〉, 天津日报, 2013-01-21; 山口淑子·藤原作弥, 〈李香兰~私の半生〉, 东京: 新潮社, 1990, 161; 于非厂, 〈霸王别姬与何日君再来〉, 一四七画报(07), 1946, 12.

112) 덩리쥔으로 대표되는 홍콩, 타이완 음악에 대해서 주류음악계는 20세기 상반기 좌익문화 전통을 비판의 정당성과 합법성의 근거로 삼아 덩리쥔 음악을 비판하였다. 안영은, 〈덩리쥔(鄧麗君)과 감성계몽〉, 한국중어중문학회, 83권, 2021, 127; 趙勇·祝欣, 〈鄧麗君, 流行音樂與20世紀80年代的批判話語〉, 文學與文化 1期, 2014, 11.

출판사(人民音乐出版社)가 발간한 소책자 『황색 음악을 어떻게 인식하는가』에 수록된 10편의 글 중 2편은 〈하일군재래〉를 직접적으로 지목하여, 그 퇴폐적이고 음란하며 저속한 성격을 문제 삼았다.[114] 이어 1983년 『해방일보(解放日报)』에 실린 〈유행음악, 정신오염 일소에 관하여〉에서는 "항일전쟁 시기 적군 점령 지역에서 유행했던 〈하일군재래〉와 같은 노래들을 사회적으로 근절할 필요가 있으며, 이러한 음악이 사회 전반에 퍼져 인민에게 해악을 끼쳐서는 안 된다"[115]는 강경한 입장을 더욱 분명히 밝혔다.

대중매체를 장악하던 관방은 덩리쥔과 같은 음악이 사회주의 이념과 대중의 정신적 정화에 부정적인 영향을 끼친다는 근거로, '정신적 오염'을 야기한다고 판단되는 일부 음악과 가수를 대상으로 방송 금지라는 극단의 조치를 취하게 되었던 것이다.[116] 이 곡은 40년이 지난 후, 덩리쥔에 의해 다시 불리는 과정에서 의도치 않게 또다시 정치적으로 해석됨으로써 비운의 히트곡으로 기억되었다.[117] 하지만 이처럼 강도 높은 억압과 비판에도 불구하고, 대중의 환호는 오히려 더 뜨거워졌다. 이는 국가가 지향하는 이념적 의지와 시장에서 실제로 나타나는 문화적 현상 간의 불일치를 단적으로 보여주는 사례라 할 수 있다.[118]

---

113) 〈인민일보(人民日报)〉, 1981. 3. 25.

114) 송화숙, 〈"님은 언제 다시 오나": 노래하는 여성과 노래의 정치학〉, 이화음악논집 27집 제4호, 2021, 239.

115) 〈유행음악, 정신오염 일소에 관하여〉, 解放日報, 1983. 12. 20.

116) 안영은, 〈추이지앤 록음악의 문화위치와 문화실천〉, 중어중문학학회 제44집, 2009, 393.

117) 안영은, 〈덩리쥔(鄧麗君)과 감성계몽〉, 한국중어중문학회 83권, 2021, 128.

118) 최명숙, 《중국 대중음악 연구》, 서울: 민속원, 2018, 73.

1930~40년대를 대표하는 '노래의 여왕' 저우쉬안과 1970~80년대를 대표하는 '가희' 덩리쥔이 부른 〈하일군재래〉는 시대와 지역을 초월해 대중들의 사랑을 받았지만, 동시에 금지곡 또는 퇴폐적인 노래, 심지어 음란가요로 비판받기도 하였다.[119] 이처럼 덩리쥔의 음악은 다시 저우쉬안을 소환하며 대만에서 홍콩, 그리고 중국 대륙으로 이어지는 공간적 이동 속에서도 변함없이 정서적 연결고리 역할을 한다. 이는 국경을 초월한 음악의 힘을 보여주는 동시에, 홍콩·대만·중국 대륙 간의 정서적 통합 가능성을 상징적으로 드러낸 사례라 할 수 있다.

119) 위아이칭 저, 이용옥·구성철 역, 《대중음악으로 이해하는 중국》, 고양: 학고방, 2005, 247-249.

3. 리꾸이(李谷一), 대륙의 음악적 전통 회귀

리꾸이

리꾸이는 1961년 후난성 화극극원(花鼓戏剧院)에 배우로 발탁되면서 연예계에 입문하였다. 그녀가 출연한 화극 《보과(补锅, 솥을 고치다)》가 영화로 제작되며 대중의 주목을 받았고, 이를 통해 이름을 알리기 시작했다.

1979년 말에는 녹음한 노래 〈향련(乡恋)〉이 "신시기 중국 대륙의 첫 번째 대중가요"로 불리며 큰 인기를 끌었다. 이는 중국 본토 대중음악 발전에 중요한 이정표가 되었다.

1983년 중국중앙TV(CCTV)가 개최한 첫 번째 춘완(春晚)에서 리꾸이는 정식 무대에 오른 첫 번째 가수로서 역사적인 순간을 장식했다. 다음 해인 1984년, 그녀가 부른 〈난망금소(难忘今宵, 잊을 수 없는 오늘 밤)〉는 춘완의 고정 마지막 곡으로 자리 잡아 오늘날까지 이어지고 있다.

이후에도 리꾸이는 꾸준히 음악 활동을 이어가며 2020년에는 '중국 브랜드 인물 500인'에 선정되며 대중음악계뿐만 아니라 문화계 전반에 걸쳐 영향력 있는 인물로 인정받았다.

"李谷一始终将自己的艺术实践与改革开放进程紧紧相连, 用歌声见证了改革开放的历程, 用作品抒发祖国的豪情、民族的豪迈、人民的心声。"

"리꾸이는 자신의 예술적 실천을 줄곧 개혁개방의 흐름과 긴밀하게 연결지었으며, 노래를 통해 개혁개방의 역정을 증언하고, 작품을 통해 조국의 웅대한 기상, 민족의 당당함, 국민의 목소리를 표현해 왔다."

-人民日报评

1979년은 중국 문화예술사에서 중대한 전환의 해였다. 이 시기 '개혁개방'과 함께 전개된 '사상 해방' 운동은 문예계 전반에 걸쳐 창작의 자유를 촉진시키며, 억눌렸던 예술적 에너지를 일깨웠다. 특히 영화 예술가들의 창작 열정이 봇물처럼 터져 나오며, 1979년 이후 불과 몇 년 사이에 중국 영화계는 전례 없는 변화와 혁신의 물결을 경험하게 된다. 이 한 해의 중국영화는 '문혁'시기의 황폐함에서 걸어 나와 완연한 봄 기운을 드러내기 시작했다.[120]

신시기 초기의 영화들은 민국 시기 영화 황금기를 떠올리게 하며, 시각적 요소뿐만 아니라 다수의 유행가를 탄생시켜 유행음악의 중요한 원천 역할을 하였다. 특히 당시 유행가곡의 상당 부분이 영화 삽입곡에서 비롯되었으며, 이러한 영화가곡의 인기는 중국 음반 산업의 성장과 맞물려 제작·출판·유통·관리 체계 전반의 대중화와 유행화를 촉진하는 계기가 되었다. 계급투쟁, 영수(領袖)를 숭배하는 "높고, 강하고, 빠르고, 단단함"이 주요특징인 '혁명가곡'이 드디어 통치적 지위에서 물러났고, 한 때 금지되었던 서정가곡(抒情歌曲)이 다시 전국에 울려 퍼졌다.[121] 이러한 흐름은 1930~40년대 상하이 음악영화의 전성기와 건국 초기 음악영화가 형성한 전통의 연장선상에서 이해될 수 있다.

개혁개방 이후 신시기 초기 대륙 유행음악에 대한 제한적인 선행연구들 가운데, 본고는 최명숙의 《중국 대중음악 연구》(2019)와 〈신시기 중국 유행음악 중의 민족요소 연구〉, 〈중국 신시기 민족풍 음악의 대중화 연구〉를 주요 기초 자료로 삼아 논의를 전개하고자 한다.

1980년, 중앙인민방송국과 《가곡》 잡지사에서 공동으로 주최한 "대중들이 가장 사랑하는 노래"란 주제로 투표를 실행하였는데, 선정된

---

120) 루훙스·슈샤오밍 지음, 김정욱 역, 《중국영화사》, 광주: 전남대학교출판부, 2013, 204.

121) 崔明淑, 〈신시기 중국 유행음악 중의 민족요소 연구〉, 북경사범대학교 박사논문, 2007, 40.

'15곡'의 가곡들은 대부분이 서정가곡의 장르 범주였고 영화의 삽입곡이다.[122] '15곡'은 그야말로 신시기에 중국 신 가요계 최초의 '대중가곡 차트 순위'라고 할 수 있다.

당시 '15곡' 중 4곡을 부른 중앙악단의 성악가 리꾸이는 시대를 대표하는 가장 호소력 있는 가수로 평가되며, 신시기 가요계의 맹주로 자리매김했다. 리꾸이는 1944년 후난성 창사에서 태어났고 후난예술학교에서 무용을 전공하고 1965년 화고희(花鼓戲) 〈보과(补锅)〉를 통하여 이름을 알리기 시작했다. 그녀 또한 중국 전통 희곡을 기반으로 가창 경력을 시작하였으며, 이는 저우쉬안과 덩리쥔의 데뷔 초기 가창 스타일과 여러 면에서 유사성을 드러낸다.

특히 1979년 화제의 영화 《소화(小花)》의 삽입곡인 〈매매조가루화류(妹妹找哥泪花流)〉와 〈융화(绒花)〉는 각각 '15곡' 중 2위와 12위에 선정되며, 영화와 영화음악의 높은 인기를 보여주는 사례로 손꼽힌다. 관객들은 영화 관람을 마친 뒤, 영화의 주제보다는 "누이동생은 오빠를 찾아 눈물을 흘리네, 오빠는 만나지 못하고 마음만 울적하네...", "세상에는 아름다운 꽃이 한 송이 있다네, 라~ 룽화, 룽화..."라는 가사를 의미심장하게 흥얼거리며 감동에 젖었다. 이 곡들은 청아하고 부드러운 선율로 관객들의 마음을 사로잡았고, 영화의 흥행과 더불어 그 인기는 좀처럼 식을 줄 몰랐다.

리꾸이의 음악 여정을 살펴보면, 그녀와 저우쉬안 사이의 연계점은 단순히 기성 창법의 계승에만 있지 않다. 그보다 더 주목할 만한 연결고리는 바로 작곡가 리진광(黎錦光, 1907-1993)[123]이라는 인물일 것이다.

---

122) 최명숙, 《중국 대중음악 연구》, 서울: 민속원, 2019, 20.

123) 송화숙, 〈"님은 언제 다시 오나": 노래하는 여성과 노래의 정치학〉, 이화음악논

리진광은 형 리진후이의 영향을 받으며, 상하이 유행음악의 발전에 중요한 역할을 한 작곡가로 평가받는다. 그는 수백 곡의 시대곡을 남긴 리진후이의 '명월가무단' 출신으로, 리진후이 이후 세대를 대표하는 가장 뛰어난 작곡가 중 한 명으로 꼽힌다. 특히 저우쉬안의 대표곡인 〈천애가녀〉, 〈사계가〉, 〈하일군재래〉 등은 모두 리진광의 작품으로, 그는 저우쉬안에게 수많은 히트곡을 제공하며 '작곡가와 가수'의 이상적인 협업 모델을 보여주었다는 점에서 주목할 만하다. 또한 〈야래향(夜來香)〉, 〈향격리라(香格里拉)〉, 〈오월적풍(五月的風)〉 등 다수의 명곡을 남기며, 중국 유행음악사에 굵직한 발자취를 남겼다.

이처럼 저우쉬안에게 수많은 히트곡을 제공한 대표적인 작곡가 리진광은 1979년, 인기 절정에 있던 가수 리꾸이에게도 《향련(鄉戀)》이라는 곡을 남기며 두 가수의 음악적 계보를 이어주는 핵심 인물로 자리매김한다. 〈향련〉은 정치적 메시지를 지양하고 고향에 대한 그리움을 노래했으나, 그 안에는 '연인', '사랑하는 사람을 잊지 못하는 마음'과 같은 서정적 감성이 자연스럽게 배어 있어, 듣는 이로 하여금 깊은 여운을 느끼게 했다. 이 곡은 1930년대 상하이 유행음악 작곡 기법을 계승한 작품으로, 발표 직후 대중의 큰 반향을 불러일으키며, 신시기 유행가곡의 흐름을 여는 데 중요한 역할을 하였다.

그러나 폭발적인 인기와는 달리, 리꾸이는 홍콩과 대만 가수들의 창법을 무분별하게 모방했다는 비판에 직면했다. 문화예술계 일각에서는 그녀의 노래를 '변절한 매국노의 음악', '망국의 소리', '에로 가수의 노래'라며 강도 높게 비난했고, 보수적 성향의 비평가들은 그녀가 부

집 27집 제4호, 2021, 230.

른 곡들을 1930년대 반식민지 시기의 대중가요와 유사한 것으로 간주했다. 이들은 그러한 음악이 사회를 혼란스럽고 무기력하게 만들며, 집단 정체성과 이념적 건전성을 해치는 요소로 작용한다고 보았다.

한편, 1970~80년대에 걸쳐 중화권을 넘어 동남아와 일본 등지에서 폭넓은 인기를 끌었던 덩리쥔의 존재 역시 리꾸이의 음악 활동과 직접적으로 대비되며 함께 논의된다. 덩리쥔이 체제 밖에서, 특히 대만과 일본을 중심으로 활동하며 중국 본토에 문화적 충격을 가한 인물이라면, 리꾸이는 체제 안에서 점진적인 감성 해방을 시도한 '내부의 목소리'였다. 덩리쥔의 부드럽고 친근한 창법과 사랑 노래는 당시 중국 당국으로부터 퇴폐적이라는 이유로 비판받았지만, 리꾸이의 노래는 보다 절제된 감성으로 본토 청중에게 받아들여질 수 있었던 것이다.

이처럼 〈향련〉은 당국으로부터 '자본주의적 감정'을 조장한다는 이유로 비판의 대상이 되기도 했지만, 중국에서 개혁개방 이후 '첫 번째 유행가요'로 불리며 상징적인 지위를 갖게 되었다. 비록 이 시기 관련 인사들은 여전히 덩리쥔, 리꾸이 등 가수들을 비난했지만, 대중들의 반응은 그와는 정반대였다. 대중은 이들의 노래에서 위로와 희망을 찾았으며, 당시 유행음악의 새로운 흐름을 이끌었다.

리꾸이의 창법은 저우쉬안과 덩리쥔 두 가수의 스타일 사이에 위치하며, 청아하고 서정적이며 가사를 정확하고 섬세하게 전달한다는 공통점이 두드러진다. 특히 그녀는 기존의 높고 단단한 톤을 강조하던 혁명가곡식 창법에서 벗어나, 저우쉬안 특유의 '기성' 창법을 적절히 응용하면서도 부드러움 속에 단단함을 잃지 않고, 감미로움과 섬세함을 동시에 드러내고자 했다. 더불어 중국 민가의 전통 창법과 서양의 벨칸토 발성법을 융합하여, 당대에 새롭게 부상한 '민족 가수'의 모델을 제시한 인물로 평가된다. 그녀의 이러한 창법은 감미롭고 순수하며 산뜻한 분위기의 가요풍을 선호하던 1980년대 초 서정가곡의 흐름과도 자연스럽게 어우러졌고, 당대 대중의 정서와도 잘 맞아떨어졌다.

신시기 초기에 유행한 대륙 서정가곡은 이러한 전통의 계승 속에서 시대적 정서를 대변하는 음악 형식으로 자리 잡았다. 특히 1930년대 '상하이 옛노래' 유행가곡의 우아하고 유려한 선율을 강조한 미학적 특징은 1980년대 초반의 사회적 분위기와 감성에 부합하였다. 하지만 그것들이 아무리 당시 대중들의 정서적 특징을 반영하고, 가사와 곡, 반주에 있어서 개선이 된 것이라 할지라도, 유행음악의 속성을 제대로 가지고 있진 못했다.[124)]

결국 리꾸이는 저우쉬안의 감성적 전통을 본토 내부에서 현대적으로 계승하고, 덩리쥔이 외부에서 촉발시킨 대중문화의 물결에 체제 내부에서 화답한 인물로 평가할 수 있다. 그녀의 등장은 중국 대중음악사에서 '합법적 유행가수'의 서막을 알린 중요한 전환점이었으며, 이후 중국 내 대중문화의 제도화와 예술적 다변화의 길을 여는 데 결정적 역할을 하였다.

저우쉬안, 덩리쥔, 리꾸이라는 세 인물을 중심으로, 각 시대를 대표하는 여성 가수들의 음악이 어떻게 당대 사회문화적 맥락 속에서 의미를 획득하고, 시간과 공간을 초월해 상호 연계되어 왔는지를 고찰하였

---

124) 위아이칭 저, 이용욱 · 구성철 역,《대중음악으로 이해하는 중국》, 고양: 학고방, 2005, 254.

다. 특히 저우쉬안의 음악을 단순한 과거의 유산으로 보지 않고, '과거와 현재, 그리고 미래를 잇는 문화적 다리'로 해석함으로써, 그녀의 음악적 스타일과 감수성이 후대의 대중가수들에게 어떻게 계승되고 변용되었는지를 추적하였다.

1930~40년대에 제작된 중국의 유행가요 어법은 한 세기 가까이 지난 오늘날까지도 유행음악의 서사와 재현 방식에 영향을 미치고 있다. 연구자는 근대 유행음악을 주제로 한 공연 준비 과정에서 저우쉬안의 대표곡들을 분석하고 관련 자료를 조사·정리하는 동안, 그녀의 음악적 성과와 독창적인 가창 스타일이 단지 특정 시대에 머무르지 않고, 세대를 넘어 수많은 후대 가수들에게 깊은 영향을 끼쳐왔다는 사실을 확인할 수 있었다. 저우쉬안이 개척한 부드럽고 감성적인 창법은 중국 현대 대중음악의 기틀을 마련했을 뿐 아니라, 대륙과 홍콩, 대만 음악의 상호 교류와 발전에도 크게 기여했다. 이처럼 그녀의 기성창법은 단순히 하나의 노래 스타일에 그치지 않고, 이후 여러 세대의 음악가들에게 창작적 영감을 제공하며 대중음악의 흐름에 지속적인 영향을 끼쳤다.

저우쉬안이 사망 후 10년 뒤의 1970년대, 덩리쥔은 중국 유행음악의 무대에 등장한다. 이 시기 그녀의 노래는 홍콩, 타이완, 동남아 전역은 물론, 점차 중국 대륙에서도 널리 수용되며 폭넓은 공감대를 형성했다. 덩리쥔은 저우쉬안의 대표곡들을 리메이크하며, 부드럽고 서정적인 창법을 현대적으로 재해석함으로써 중화권은 물론 동남아시아 전역에 걸쳐 '감성의 연쇄'를 확장시켰다. 그녀의 음악은 정치적 이념을 초월한 감정의 언어로 작용하였고, 이는 리꾸이의 등장과도 깊은 맥락적 연속성을 지닌다.

리꾸이는 1980년대 신시기 중국에서 저우쉬안과 덩리쥔의 음악적 전통, 특히 우아한 선율과 기성을 활용한 감정표현 방식을 계승하면서도, 새로운 시대의 정서에 부합하는 청신하고 순수한 음악풍을 창출해 냈다.

결국, 세 인물의 음악은 각기 다른 시대와 이념, 문화적 공간 속에서 발화되었지만, '감성의 유산'이라는 공통된 축을 통해 상호 대화하고 영향을 주고받는 관계로 존재했다. 이들의 음악은 단지 대중의 감정을 위무하는 기능을 넘어, 각 시대의 사회·문화적 흐름을 반영하고 선도하는 예술적 지표이자 문화적 가교 역할을 수행해 왔다.

제4장
한중 근대 대중가요의 대화

중국의 대중가요는 정치·역사·문화적 맥락과 깊이 얽혀 있는 방대하고도 복합적인 연구 대상이기 때문에, 이러한 배경에 대한 충분한 이해 없이는 접근 자체가 쉽지 않다. 특히 타문화인 한국과의 비교 연구는 단순한 음악 양식의 대비를 넘어서, 각국의 사회적 맥락과 시대적 조건을 함께 고려해야 하는 복합적인 작업이라 할 수 있다.

1930~40년대 상하이의 유행가곡은 당시 대중음악의 지형을 크게 두 갈래로 나누어 보여준다. 한편으로는 청춘 남녀의 사랑과 도시인의 오락적 욕망을 반영한 유행가요가 대중의 인기를 끌었고, 다른 한편으로는 식민 침략과 민족적 위기에 대응하여 사회적 문제를 고발하거나 애국심을 고취하는 가곡들이 함께 존재했다. 또한 이와 같은 시기에, 상하이 도시문화의 외곽에서는 혁명 근거지를 중심으로 한 '신민가(新民歌)'라는 새로운 장르가 등장하여, 혁명적 이념과 대중 예술의 결합을 시도하고 있었다.

1930년대부터 1940년대는 동아시아 역사에서 가장 드라마틱한 시대 중 하나였다. 전쟁, 식민 지배, 그리고 사상적 갈등이 삶의 모든 영역을 흔들고 있었고, 대중가요 또한 그 안에서 고유의 생명력을 키워갔다. 이 시기, 한국과 중국에서는 각각 '신민요'와 '신민가'라는 이름 아래 새로운 노래들이 등장했다. 단순한 유행가를 넘어, 이들 노래는 시대를 사는 사람들의 감정과 바람을 담아내는 정서적 매개체였으며, 억눌린 민족의 자존심과 미래에 대한 소망을 노래하는 창구이기도 했다.

한국의 신민요는 전통 민요의 선율에 서양 왈츠 리듬을 덧입히고, 밝고 경쾌한 분위기 속에 일제의 억압을 견디는 내면의 저항을 품고 있었다. "우리 것"을 지키고 싶었던 음악인들과, "우리 것"을 갈망했던 대중은 이러한 노래를 통해 정체성과 공동체 의식을 확인할 수 있었다. 아름다운 강산을 예찬하고, 미래를 희망하는 가사의 노래들은 단순한 위안이 아니라 예술을 통한 선취된 해방의 선언이었다.

같은 시기, 중국에서는 '신민가'가 떠오르고 있었다. 이 노래들 또한 전통 민요의 선율에 서양 작곡법과 벨칸토 창법을 접목하며 점차 대중화되었고, 혁명 근거지의 생활상을 소재로 한 가사들은 정치적 메시지와 민중의 정서를 교차시키는 힘을 발휘했다. 특히 중국 신민가에서 나타나는 허사(虛詞)와 여음(餘音)의 사용은, 그 노래가 가진 '중국적 감각'을 더욱 선명하게 보여주는 특징으로 작용했다.

양국의 신민요와 신민가는 모두 '우리다움'을 노래하려는 욕망에서 출발했지만, 선택한 음악적 언어와 시대의 반영 방식은 조금씩 달랐다. 공통적으로는 향토적 색채가 짙은 소재들을 활용했다. 한국의 경우 국토 찬가, 명승지 예찬, 농촌의 평화로움 등이 대표적인 테마였고, 중국에서도 소수민족 민요나 지역 전통 가락을 재해석한 곡들이 등장했다. 이는 양국 모두가 민족 정체성 회복과 민족 통합의 상징적 표상으로서 음악을 활용하고 있었음을 시사한다.

하지만 이후의 전개는 다소 다르게 흘러갔다. 중국의 신민가는 문화대혁명이라는 역사적 격동기를 거쳐 1980년대에 이르러서야 새로운 생명력을 얻기 시작했다. 오늘날의 중국 대중가요는 전통 민요, 고전문학, 지역색 등을 현대적 감각으로 재해석하며, 문화 콘텐츠의 글로컬리즘 속에서도 중화주의적 정체성을 강화하고 있다.

반면, 한국의 신민요는 전쟁과 산업화, 외래 팝문화의 물결 속에서 점차 대중의 관심에서 멀어져갔다. 하지만 최근 몇 년 사이, 트로트 오디션 프로그램 등에서 민요의 정서를 현대적으로 해석한 음악들이 다시금 주목을 받고 있다. 젊은 세대의 작사·작곡가와 가수들이 전통을 새롭게 조명하며, 신민요의 부활 가능성 또한 엿보이고 있다.

이 장에서는 양국 대중가요의 유사성과 차이점, 그리고 그것이 형성된 역사적·사회적 배경을 짚어보았다. 이는 단순한 비교를 넘어, 한국과 중국의 근대 대중음악이 어떻게 '대중의 욕망'을 노래해 왔는지를 함께 고찰하는 작업이었다. 신민요와 신민가의 분석을 통해 드러난 것은 단 하나, 억압의 시대 속에서도 사람들은 자신의 언어로, 자신의 멜로디로, 삶을 노래하고 있었다는 사실이다. 그리고 그 노래는 오늘날에도 여전히 울림을 주고 있다.

1. 신민요와 신민가의 형성과 발전

한중 양국은 유구한 역사적 친연성에도 불구하고 19세기 말 타의에 의해 문호가 개방되면서 각기 다른 방식으로 근대에 진입하게 되었다. 새롭게 형성된 국제정치적 지형은 양국의 사회문화적 맥락과 맞물리며 역사상 미증유의 근대적 풍경을 형성하였다. 자아와 타자, 전통과 현대성, 주체성과 강제성, 도시와 농촌, 전쟁과 평화라는 이항 대립과 혼종 속에서 가요는 이러한 정서와 시대적 분위기를 긴밀하게 포착하며 대중과 함께 존재하였다.

1930년대에 접어들며 한국과 중국의 대중가요는 당시 시대상을 반영하여 다양한 모습으로 확대, 발전하였다. 한국에서는 전통적 음악 양식의 색채가 비교적 짙은 신민요가 등장하였고,중국에서는 신민가가 인기를 얻으며 확대 발전하였고, 이를 토대로 대중적이고 시대적 분위기가 물씬 풍기는 노래들이 다수 등장하였다.

1) 신민요와 신민가의 출현 및 성격적 차이

신민요

앞에서 언급했듯이 한국 근대 대중가요를 주제로 한 선행연구는 비교적 전면적으로 다루어졌다 볼 수 있다. 그 중에서도 신민요는 유행가에 비해 체계적인 연구가 이루어진 편은 아니지만 1990년대부터 장유정, 이영미, 이소영, 양지영, 전선아, 김혜정, 노재명, 이보영, 노동은 등 연구자들에 의해 일제강점기 신민요의 전개과정, 음반서지, 신민요의 사회상과 신민요의 음악과 노랫말, 예술가와 제작자 및 '우리 것'과 그 역사적 의의에 대해 탐구한 걸로 확인할 수가 있었다.

중국 내에서도 1980년대 초부터 1990년대까지 연변지역을 비롯한 학자[125]들에 의해 신민요의 외래적 수용과 전통음악의 계승에 대한 연구가 비교적 체계적으로 이루어졌음을 알 수 있었다. 나아가 현재도 그 시대에 유행한 〈노들강변〉, 〈조선팔경가〉, 〈처녀 총각〉 등 신민요는 중국 동북지역의 조선족자치구에서 전해지고 있으며 가장 즐겨 부르는 조선민족민요로 꼽히고 있다. 반면 한국에서 중국의 대중가요에 대한 연구는 진행형 단계라고 할 수 있다. 물론 중국의 대중가요 연구는 실로 방대하고 복잡한 대상이라 정치, 역사, 문화적인 이해가 선행되지 않고는 접근이 어렵기 때문일 것이다.

본문에서는 중국 신민가의 출현과 음악적 특징 및 발전과정을 도출하기 위해 우선 앞서 언급한 학자들의 신민요에 대한 선행연구들을 종합하여 신민요의 정의, 음악적 특징, 주제적 성격 등에 대해 간략하게 정리하는 것으로 시작해본다. 1920년대부터 시작된 민요에 관한 논의를 살펴보면, 일본 신민요 운동을 배경으로 조선에서 그 운동의 전개과정과 성과를 지켜보며 식민지 문단을 만들어 가던 재조일본인, 그리고 조선의 민요를 규정하여 민족문화의 하나로 실현하려는 조선 지식인들 사이의 담론이 얽히면서 복잡한 양상을 띠게 된다. 특히 30년대에 들어서면서 조선의 미디어에 '신민요'라는 용어가 자주 등장하게 되고

125) 김덕균, 김종수, 김성숙, 최순덕 등 대표적인 학자들을 꼽을 수 있으며, 특히 최순덕의 연구는 신민요의 역사적 변천과 음악적 변형을 병행함으로써 가요연구 방면에서 가장 체계적으로 잘 이루어졌다는 평가를 받고 있다.

신민요를 둘러싼 다양한 평가 속에서 20년대와는 다른 맥락에서 민요를 바라보게 했다.[126] 신민요의 정의에 대한 논의를 대체적으로 정리해 본다면, 신민요는 1930년대에 크게 유행했던 대중가요의 한 양식이고 '새로운 민요[127]'라는 뜻으로 토속민요를 염두에 두고 생긴 노래라고 하였다. 그 당시 유성기 음반발매 시 양식명으로 신민요라는 명칭이 사용되었고 작사가, 작곡가가 있다는 점에서 민요와는 구별되는 노래로[128] 정의한다. 30년대 중반 이후, 신민요는 유행가(트로트)와 함께 대중가요의 두 주류로 자리 잡으면서 기존의 조선 민요와 연관되면서도 양악으로 대표되는 외래적 음악 요소를 수용한 음악적 혼혈아라 하였다.[129] 신민요의 음악적 특징을 보면 우선 음계면에서 신민요는 전통음계가 주를 이루고 리듬은 서양의 영향을 그대로 받아들이고 있음을 알 수 있다. 박자는 전통 음악에서 중심을 이루는 3박자계가 많았고 리듬은 왈츠가 대다수를 차지하고 있었다는 것이다.[130]

2000년대에 들어서면서 일제강점기 신민요의 역사적 의의와 가치를 재조명하려는 연구가 더욱 활발하게 이루어졌음을 알 수 있다. 그 시기 신민요의 창작층과 수용층면에서 신민요의 성격을 규정하는 가장 중요한 단어가 '향토'와 '조선'이며 '우리 것'임을 학자들은 다 같이 주

---

126) 양지영, 〈신민요를 통해 본 '조선적인 것': 노구치 우조, 「조선민요의 연구」, 김사엽을 중심으로〉, 일본문화연구 66호, 2018, 193.

127) 장유정, 〈1930년대 신민요에 대한 당대의 인식과 수용〉, 한국민요학 12호, 2003, 289.

128) 강연진, 〈한국 근대 대중가요 형성 과정 연구〉, 이화여자대학교 석사논문, 2002, 68.

129) 이소영, 〈일제강점기 신민요의 혼종성〉, 계간 낭만음악 19권 3호, 2007, 192.

130) 전선아, 〈일제강점기 신민요 연구〉, 강릉대학교 석사논문, 1998, 28.

장한다. 1930년대를 기점으로 형석기, 문호월, 이면상 등의 능력 있는 신민요 작곡가들이 나타나 민요다운 선율에 시대에 맞는 가사를 결합하여 활발히 창작되었고 방송과 음반으로 보급되어 유행했던 것이다.[131] 1935년을 전후한 시기는 '조선적인 것'의 옹호와 숭배가 학술에서 취미에 이르는 문화의 모든 영역에서 강력한 추세로 번져가기 시작한 때였다. 따라서 이들은 양악계통을 잇는 '트로트'와 전래 민요에서 기원을 찾는 '신민요'로 나누어서 대중가요의 구도를 잡고 있었던 바[132] 트로트와 구별되는 전통적 노래의 요소와 향토색이 강조되는 방향으로 신민요를 창작하게 된다.[133]

서양음악을 주체적으로 수용하여 민요적요소와 접목시킨 음악인가 아닌가의 문제를 떠나 이처럼 20년대에서 30년대로 이어지는 신민요에 대한 논의를 살펴보면, 신민요는 민족적 정서에 잘 맞는 전통민요의 선법, 박자, 리듬과 창법 등을 도입한 새로운 민요론 구상의 동기를 제공하였음은 분명해졌다. 신민요는 이미 민요의 과거적 특수성에 맹목적으로 집착하지 않고, 시대에 따라 변화할 줄 알고 현재라는 시대에 맞게 전통성과 역사성을 실현하는 강한 '향토색'을 띤 표현매체가 되었다 생각한다.

본 문에서는 신민요가 그 당시 민중들의 뜨거운 사랑을 받으면서 새로운 장르로 급상승한 부분에 있어 전적으로 선행 논점들을 공감한다. 하지만 1950년대와 1960년대를 거치면서 우리의 신민요가 점점 대

---

131) 이주영, 〈신민요의 향토성과 조선적인 것〉, 한국어문국제학술포럼, 2008, 43.

132) 이하윤, 〈유행가요곡의 제작문제〉, 동아일보, 1934. 4. 2.

133) 황종연, 〈1930년대 고전부흥운동의 문학사적 의의〉, 한국문학연구 11호, 1988, 6.

중들의 시선 속에서 멀어져가기 시작한 것에 대해서는 그저 안타까울 뿐이다. 최근에 전국적으로 달아오르는 트로트 열풍을 감지하면서 앞으로 신민요의 보급과 전승에 대한 연구가 더 보완되어 의식 있는 젊은 창작자들이 '우리 것'을 전승하고 이 갈래가 다시 대중들의 관심과 사랑을 받는 새로운 음악 갈래로 탄생되기를 간절히 기대해 본다.

신민가

중국에서의 신민요 연구는 1980년대 최순덕을 비롯한 여러 학자들에 의해 시작되었으며, 현재까지도 조선족 전문 공연단체, 교육기관, 그리고 민간 차원에서 지속적으로 전승·발전되고 있다. 반면, 한국에서의 신민요 연구는 아직 초기 단계에 머물러 있으며, 체계적인 접근이 충분히 이루어지지 못하고 있는 실정이다. 이는 한중 간 정치적 이념 차이에 따른 오랜 단절뿐 아니라, 중국 대중가요라는 텍스트 자체가 방대하고 복합적인 성격을 지니고 있기 때문일 것이다.

중국에서 사용하는 민가(民歌)[134]라는 용어는 결국 민요와 마찬가지로 서민들에 의해서 공유되었던 서민적 생활과 정서를 담은 민간전승의 노래라고 할 수 있다. 중국 민가는 시대에 따라 전통민가와 신민가로 나누어볼 수 있다. 전통민가는 대대손손 민중들에 의해 부르고 전해지는 '토박이' 노래이며, 신민가는 20세기 30년대부터 혁명을 주제로 하여 만들어진 노래이다.[135] 20세기에 이르러 1911년의 신해혁명(辛亥革

134) 朱子清, 《经典常谈》, 中华书局, 2009, 85.

135) 徐丽东, 〈近 · 现代韩 · 中民谣의 대비적 연구〉, 성균관대학교 석사논문, 2009년, 14-15.

命)[136]과 1919년의 '5·4운동'[137]을 거친 중국 신민가는 혁명운동의 신속한 발전에 따라 새로운 발전시기에 들어섰으며 제국주의를 반대하고 항일을 독려하는 전투적인 주제가 민가의 새로운 특징과 역사적 사명으로 되었다. 1931년 만주사변으로 시작하여 1937년 중국에 대한 일본의 침략이 본격화되면서 신민가는 혁명의 수요로 시작하여 각 혁명 근거지에서 더욱 활발한 창작 열기 속에서 탄생하여 유행하였으며 큰 발전을 가져왔다.

산베이(陝北, 섬서 북부) 지역은 중국 현대사에서 특별한 의미를 지닌 공간이다. 마오쩌둥(毛澤東)과 대장정을 마친 홍군이 약 13년 동안 이곳에 머물면서, 산베이는 단순한 피난처를 넘어 혁명의 중심지로 탈바꿈했다. 1935년, 마오쩌둥과 중국 홍군이 옌안(延安)에 정착한 이후, 이 도시는 곧 중국 혁명의 지휘 본부로 자리 잡게 된다.

옌안 시기, 마오쩌둥을 비롯한 중국 공산당 지도부는 '홍색가곡(紅色歌曲)'이라 불리는 신민가 창작을 적극 장려했다. 이 노래들은 조국과 혁명을 주제로 한 정치적 색채가 짙은 곡들로, 공산당의 사상과 이념을 민중에게 효과적으로 전달하는 도구로 활용되었다. 그 결과, 옌안은 당시 젊은이들의 열정이 넘실거리고 노랫소리가 끊이지 않던 '음악의 도시'로 불리게 된다.

이 장에서는 바로 이 산베이 지역, 특히 옌안에서 탄생하고 유행했던 신민가를 중심으로, 그 창작 배경과 음악적 특징, 사회적 의미에 대해

136) 1911년(辛亥年)에 일어난 중국의 민주주의 혁명으로 쑨원孙文을 대총통으로 하는 중화민국이 탄생하였다.

137) 1919년 5월 4일부터 2개월간에 걸쳐 중국 전역에서 일어난 반일(反日)애국 운동을 5·4운동이라 한다.

살펴보고자 한다.

이처럼 산베이 민가는 전 중국으로 널리 퍼져 나갔으며, 이후 창작된 신민가에도 활발히 계승·발전되어 큰 영향을 미쳤다. 특히 1940년대, 마오쩌둥이 발표한 「옌안 문예좌담회에서의 연설」은 중국 현대 혁명문예의 흐름 속에서 민간 예술을 배우고 계승하려는 열기를 불러일으켰다.[138] 이러한 분위기 속에서 민간 예술인들이 자발적으로 지어 부르거나, 전문 작곡가들이 새롭게 창작한 민가들이 잇따라 등장했으며, 이 노래들은 혁명 정신을 찬양하는 곡으로 혁명 근거지 곳곳에 울려 퍼졌다.

신민가의 등장은 중국 대중음악사에서 매우 중요한 의미를 지닌다. 이 노래들은 모두 인민 대중이 스스로 창작한 것으로, 새로운 사회에 대한 희망과 삶의 변화를 노래한 찬가이자 염원의 표현이었다. 대부분의 신민가는 전통 민요의 선율을 바탕으로 새로운 가사를 얹어 만들어졌으며, 새롭게 담긴 정서와 주제로 인해 기존의 곡조에도 변화가 생기기 시작했다.[139]

예를 들어, 이 시기 산베이 지역에서 창작되어 널리 불렸던 〈동방홍(東方紅)〉이나 〈난니완(南泥灣)〉과 같은 노래는 기존 민요의 선율에 혁명을 주제로 한 가사를 결합해 재창조된 대표적인 신민가라 할 수 있다. 이 곡들은 이후에도 마오쩌둥과 공산당을 상징하는 대표적인 '홍가(紅歌)'로 자리잡았으며, 오늘날까지도 끊임없이 재해석되어 불리고 있다.

특히 문화대혁명 시기에는 '마오쩌둥 찬양가요'로 대중적 열풍을 일

138) 張風渝, 〈大躍進民歌運動中權力話語和民間文化〉, 南京師範大學 碩士學位論文, 2005, 9.

139) 민경찬, 장전, 야스다 히로시, 류인옥, 김성준, 《동아시아와 서양음악의 수용》, 음악세계, 2008, 302.

으켰으며, 1990년대 들어서는 이 열기가 다시 거세졌다. '붉은 태양'이라는 상징을 담은 《홍태양(红太阳)》 앨범은 시대적 유행 요소를 더해 대중적으로 큰 성공을 거두었고, 마오를 찬양하는 음악 열풍을 다시금 촉발시키기도 했다. 이러한 흐름 속에서 산베이 민가는 단순한 지역 민요를 넘어, '신중국의 역사를 담은 노래', '중국 민가의 정수'라는 평가를 받기에 이르렀다. 이는 단지 음악적 가치뿐 아니라, 그 역사적 상징성과 문화적 파급력을 감안할 때도 충분히 타당한 평가라 할 수 있다.

중국의 3대 음악가 중 한 명으로 손꼽히며, 항일 투쟁과 탁월한 음악적 업적으로 중국 음악사에 길이 남은 인물이 있다. 바로 한국인 작곡가 정율성(정뤼청, 鄭律成)이다. 그는 1937년 옌안에 도착한 이후, 이곳을 중심으로 활발한 작곡 활동을 펼쳤다. 약 4년간 그는 《연안송(延安颂)》, 《팔로군행진곡(八路軍行進曲)》, 《연수요(延水謠)》 등 수많은 대표작을 발표하며 중국 현대 음악의 지평을 넓혔다.

정율성의 음악은 송가, 행진곡, 민가 등 다양한 장르를 아우르며, 중국 현대음악사에 있어 개척적인 공헌을 한 것으로 평가받는다. 특히 《연수요》는 옌안이 위치한 산베이 지역 민가의 가락에 한국적인 정서를 절묘하게 녹여낸 작품으로, 오늘날에도 중국 민족 가수들이 자주 부르는 서정적인 가곡으로 사랑받고 있다.

신민가 운동이 정확히 언제, 어떻게 시작되었는지를 단정하기는 어렵지만, 그것이 본격적인 정치적·문학적 운동으로 발전하는 데 결정적인 불씨를 당긴 인물은 마오쩌둥이라는 점에는 이견이 없다.

1930년대부터 1970년대에 이르기까지, 약 40여 년에 걸쳐 산베이 민가는 끊임없이 새롭게 변화하고 정리되며 널리 보급되었다. 시대의 흐름 속에서 이 민가는 끊임없이 재창조되었다. 전통 사회에서는 남녀 간의 사랑을 아름답게 노래하던 산베이 민가는, 혁명 시기를 지나며 공산당과 마오쩌둥을 찬양하는 내용으로 바뀌었다. 그러나 그 안에는 언제나 민중의 삶과 정서, 그리고 그들이 바라는 행복과 희망이 담겨 있었다. 그렇게 노래는 세대를 넘어 오늘날까지도 전해지고 있다.

2. 신민요와 신민가의 음악적 교차

가창성 특징

신민요와 신민가는 상당 부분에서 의도적으로 민요 양식과 거리를 두려는 것이 한국과 중국의 목적이었다 할 수 있다. 창법은 갈래의 특성을 결정하는데 있어서 가장 우선시되는 요소로서 신민요와 신민가는 전통민요와 비교해서 가창성에서 가장 뚜렷한 특징을 가지고 있다.

신민요의 창법과 발성 특징에 대해 정리하자면, 신민요는 민요의 음구조와 창법을 통해 민속적 세계를 재현하였고 가곡의 발성법이나 서양음계 조성을 통해 도시적 세계를 표현할 수 있었다.[140)]

이제까지 신민요의 양식적 기반으로 알려진 것은 지역 민요의 음구조와 장단 그리고 서양의 장단조 조성과 리듬이다. 실제로 신민요의 반주부는 가창부에 비해 상대적으로 서양의 음악 규범들을 많이 따랐고 가창부는 민요의 그것을 우선시하는 것이 기존 사실이다. 가수의 음색에 있어 신민요 가수는 대체로 맑고 청아하며 가늘게 떠는 음색을 발성의 기초로 삼았다. 물론, 전문적인 민속악적 훈련을 받아 소리를 통제하는 방식이나 거친듯하면서도 강렬한 음색을 구현한 발성법이 있기도 했다. 1930년대 당시 신민요의 창법 발전에 크게 영향을 미쳤던 여창 가곡에 대해 언급하지 않을 수 없다. 신민요가 등장하기 이전부터 도시 공간에서 가요의 담당자로서 중요한 역할을 수행했던 가

140) 권도희, 〈신민요 창법과 발성법이 표명하는 도시적 · 민족적 정체〉, 동양음악 38집, 2015, 9.

수 집단으로는 중인 혹은 평민 가객, 기녀 그리고 삼패 등이 있었다. 이 중 신민요 갈래의 발상법과 관련되어 주목되는 것은 여창가곡의 담당자였던 기녀이다. 이들은 맑고 청아한 소리 혹은 가늘고 얇은 소리를 습득한 과정에서 신민요의 창법에 살을 붙이면서 창조적 갈래를 창출하는 데 결정적인 역할을 하였다.

신민요는 지역 민요보다 넓은 음역을 사용하는 것이 보통인데, 민요의 선법성이 해체되지 않는 한에서 장단조 조성과 조화를 이루는 선에서 마무리되는 것이다. 이런 지역민요의 창법과 서양적 발성법 간의 절충을 바탕으로 탄생한 갈래가 곧 신민요의 급성장한 기반이 되지 않았을까. 중국의 신민가 또한 전통민가와 비교해서 작품의 주제와 발성법에서 가장 선명한 차이를 보이고 있다.

우선, 신민가는 전통민요의 자유로운 가창 방법과 비해 보다 과학적이고 전문성을 강조하는 성악적인 발성방법을 사용하는 것이다. 이는 벨칸토 창법의 전수를 섭취한 발성방법과 중국의 민족적인 정서를 가미한 독특한 중국 민족적 창법[141]을 형성한 것이다. 특히 신민가는 발성 시 발음에 대한 요구가 아주 엄격하다. 또렷하고 부드러운 발음, 청초하고 맑은 목소리, 그리고 넘치는 감정을 중요시한다. 물론 현대에 들어서면서 이와 같은 '천인일성(千人一声)'과 같은 민족창법의 국한성에 대한 의문의 목소리도 점점 커지고 있다. 90년대에 들어서면서 기존의 신민가 창법을 탈피한 "개성"있는 젊은 민족 가수들이 대거 등장하

141) 현 중국 민족성악의 표준과 모방의 대상으로 알려진 신민가 창법의 1세대로 펑리위웬(彭丽媛), 리꾸이(李谷一), 쑹주잉(宋祖英) 등 성악가들의 발성법을 꼽을 수 있다. 대중가요 요소를 가미한 신세대 민족 가수로는 장예(张也), 탄징(谭晶), 탕찬(汤灿) 등이 대중들의 사랑을 받고 있다.

기 시작했다. 이들은 기존의 전통창법과 대중가요의 발성법인 '기성'창법, '진성'과 '가성'을 가미한 대중음악의 요소를 적당하게 인용하여 청중들의 심금을 울렸다. 이처럼 신민가는 전통민족 창법과 시대에 맞게 더욱 친근하고 알기 쉬운 대중적인 민가 창법으로 각각 자리매김하고 있다.

종합적으로 신민가는 달콤하고 낭랑하며, 섬세하고 부드러운 서정적 가창특징을 하는 동시에 현대음악의 뚜렷한 개성과 정서를 융합시켜 대중들이 더욱 쉽게 받아들이게 하는 유행적인 면을 표현하는 창법 특징이 있다.[142)]

주제적 특징의 차이

많은 선행연구를 종합해보면, 신민요와 신민가는 민족적 정체를 드러내는 역할을 담당했다 할 수 있다. 신민요는 당시 일제의 약탈로 인해 고향을 떠나 이국으로 유리걸식하는 처지가 되기도 하고, 가난과 궁핍, 굴욕과 압제 속에서 어렵고 험난한 삶을 살아갔던 대중들의 진실한 삶[143)]의 정서를 담았으며, 이 또한 신민요의 역사적 사명과 의의 및 가치라고도 하겠다.[144)]

신민요의 작품을 크게 보면, 이성 관련, 국토 및 명승 관련, 인생 관

---

142) 김향령, 〈중국 신민가의 발전과 창법에 관한 연구〉, 중앙대학교 석사논문, 2018, 11.

143) 李魯亨, 〈한국 근대 대중가요의 역사적 전개 과정 연구〉, 서울대학교 박사논문, 1992, 175.

144) 신광호, 〈일제강점기 신민요의 문학정서 연구〉, 한국학연구 36호, 2015, 255.

련, 유흥 관련, 시절 및 계절 관련, 역사 관련, 기타 주제로 나눌 수 있다. 본문에서는 여러 주제 중에서도 신민요 특유의 주제로 국토 및 명승관련 주제를 분석대상으로 서술하고자 한다. 신민요의 주제를 국토 또는 명승과 관련된 곡명으로 잘 알려진 곡으로 〈锦绣江山〉, 〈名胜의 四季〉, 〈福되소서 이 강산〉, 〈游览打铃〉, 〈朝鲜의 밤〉, 〈朝鲜의 处女〉, 〈朝鲜타령〉, 〈朝鲜八景歌〉 등 예로 들 수 있다. 그 외에도 지명과 관련된 〈关西千里〉, 〈金刚山이조흘시고〉, 〈落东江의 哀想曲〉, 〈洛东江七百里〉, 〈东海金刚〉, 〈豆满江뱃사공〉, 〈白头山아가씨〉, 〈富宁清津〉, 〈북관아가씨〉, 〈鸭绿江뱃사공〉, 〈鸭绿江처녀〉, 〈咸镜道아가씨〉 등 곡들을 꼽을 수 있다.

신민가도 일제의 침략에 대한 중국 공산당과 민중들의 민족주체성 함양을 취지로 공산당을 찬양하고 혁명근거지를 예찬하는 노래들로 항일을 고무하였고 국내 해방을 염원하였다. 하여 신민가는 민족적 성격이 전통민가보다 훨씬 선명하다.

작품의 주제는 주로 각 혁명근거지에서 공산당을 찬양하고, 근거지에서 삶을 이어가는 민중들의 생활과 항일을 고무하는 구국 내용이 대부분이다. 이는 전통민가의 표현방법을 참고로 하여, 현대적인 작곡방법과 내용 방면에서 그 시대의 사회적배경과 긴밀히 연계되어 혁명적 함의를 포함시킨 가사로 작품의 예술적 경계를 확충하였고 가치를 승화시켰다 볼 수 있겠다. 혁명근거지의 공산당과 국토찬양을 담은 주제로 많은 사랑을 받은 곡으로 〈둥팡훙(东方红)〉, 〈난니완(南泥弯)〉, 〈홍군가(红军歌)〉, 〈옹군화고(拥军花鼓)〉, 〈정강산래료모택동(井冈山来了毛泽东)〉, 〈십리송홍군(十里送红军)〉, 〈판홍군(盼红军)〉, 〈지상근착공산당(只想跟着共产党)〉 등 곡명을 예로 들 수 있다.

그리고 항일 구국주제를 담은 〈의용군행진곡(义勇军进行曲)(1935)〉, 〈구국행진곡(救亡进行曲)(1936)〉, 〈대도행진곡(大刀进行曲)(1937)〉, 〈태항산상(在太行山上)(1938)〉, 〈유격대지가(游激队之歌)(1938)〉, 〈황하대합창(黄河大合唱)(1939)〉, 〈팔로군대합창(八陆军大合唱)(1939)〉 등 진취적이고 장엄한 행진곡형식의 곡명들을 예로 볼 수 있다. 이러한 곡들은 현재까지도 크고 작은 국가적 행사나 당의 명절 등 활동에서 새롭게 불러지고 있다.

이처럼 신민요와 신민가는 모두 일제의 침략 시기를 거치면서 서양풍의 작곡법을 사용해서 전통음악 중의 민족적인 리듬, 선율과 창법으로 국토에 대한 찬양과 민중들의 간절한 염원을 담은 민족적인 풍취를 담아내는 음악을 하는 것이 공통적인 목적이라 할 수 있다.

3. '우리 것'으로서의 대중가요: 민족성과 상업성의 경합

신민요와 신민가의 발전 양상을 추적하고, 각 작품을 분석함으로써 두 음악 양식의 전모를 밝히는 일은 결코 쉬운 작업이 아니다. 이 글은 한정된 시기, 개념, 연구 대상을 넘어, 한·중 대중음악에 대한 본격적인 비교, 나아가 신민요와 신민가의 상호 비교를 위한 첫걸음을 내딛고자 하는 데 의의를 둔다.

한국의 신민요와 중국의 신민가는 모두 전통 음악의 어법을 적극적으로 계승했다는 점에서 공통적인 특징을 지닌다. 특히 일제강점기 한국에서는 민족의 주체성과 정서를 고양하고자, 자연의 아름다움과 국토를 예찬하는 노래들이 다수 창작되었다. 그중에서도 〈조선타령〉이 발표된 1934년은 신민요가 본격적으로 자리를 잡고, 음악적·사회적으로 전성기를 이루었던 시기로 평가된다.

이 시기에 창작된 대표적인 노래가 바로 〈조선타령〉, 〈조선팔경가〉와 같은 신민요이다.[145] 〈둥팡훙〉과 〈난니완〉은 일제강점기 혁명 근거지였던 옌안에서 탄생하여 널리 유행한, 당시 신민가의 대표적인 작품들이다. 본 연구에서는 같은 시기에 전통 민요를 바탕으로 창작된 노래들과 비교하고자 한다. 즉, 민족의 역사와 강산의 아름다움, 그리고 당시 민중들의 간절한 염원을 담은 〈조선타령〉과 〈조선팔경가〉, 그리고 공산당과 혁명 근거지를 찬양하며 혁명의지를 고취하는 정서를 담

145) 신광호, 〈일제강점기 신민요의 문학정서 연구〉, 한국학연구 36호, 2015, 276.

은 〈둥팡홍〉과 〈난니완〉을 중심으로, 양국 음악에서 전통적 요소와 현대적 요소가 어떻게 차용되고 활용되었는지를 살펴본다.

1) 간절한 염원을 담은 노래

〈조선타령〉은 유도순이 작사하고 전기현이 작곡한 신민요로, 강홍식이 노래하였다. 이 곡은 아름다운 삼천리 강산을 찬양하는 동시에 한민족의 역사와 영웅호걸을 함께 노래하며, 시공간을 아우르는 폭넓은 내용을 담고 있다. 화자는 긍지에 차 깊은 정서 속에 빠져 있으며, 시작부터 열정적이고 힘찬 목소리로 삼천리 산야와 조선을 축복하는 메시지를 강렬하게 전달한다.

다음으로, 이 노래의 가사를 살펴보도록 하겠다.

> 아 백두산(白头山) 소사서(솟아서) 정기(精气)를 빼(뻗)치니
> 삼천리 산야 기름이 젓네
> 에라 조와(좋아) 얼수 에라조와(좋아)라
> 오대강 십대산 널닌(린) 곳에서
> 이천만 백성이 잘도나 사네
> 즐겁다 조선을 축복을 하세
> (중략...)
> 아 뛰어난 인물이 수만히(수많이) 낫스니(났으니)
> 삼천리 산야 사러서 뛰네
> 에라 조와(좋아) 얼수 에라조와(좋아)라
> 영웅과 호걸에 문장이 나니
> 말함과 행함이 힘잇(있)게 사네
>
> 즐겁다 조선을 축복을 하세 - 〈조선타령〉[146](1934)

〈조선타령〉은 시인 유도순이 삼천리 강산의 행복을 축원하기 위해 지은 노래라고 하였다. 작곡가 김기현이 이 노랫말에 대해 다음과 같이 극찬한 바 있다.

> 朝鮮打令이야 말로 詩人劉道順氏에 力作인데 그야말로 유감없이 朝鮮에 精氣를 그린 劉道順氏의 一大傑作이외다. 이 노래는 우리 三千里半島江山의 幸福을 祝願한 노래입니다. … 果然 힘을 주고 蘇生을 줄 노래의 하나입니다.[147]

오늘날 신민요의 노랫말을 연구하는 많은 학자들은, 식민지 조선의 현실에서 '즐겁다 조선을 축복하세'라는 표현이 나타내는 의미는 그리 간단하지 않다고 주장한다. 더구나 1937년을 전후한 시기를 생각한다면, 신민요에 나타나는 '조선에 대한 축복'이 민족적 자부심으로만 읽힐 수는 없는 것이다.[148] 이는 일제 식민지하의 지극히 부조리한 현실을 극복하기 위한 예술적 극복과 대응이었으며 또한 일제에 대한 예술적 저항이었다는 것을 알 수 있다. 신민요 노랫말에서의 이러한 밝고 경쾌한 정서가 우울하고 침통한 당시의 한민족에게 슬픔과 고통을 이길 수 있는 힘과 용기와 희망을 주면서 아픈 마음을 위로해 주었던 것이 분명하다.

〈조선타령〉의 이러한 축복과 희망적 정서는 〈조선팔경가〉에서도 표출되고 있다. 이 노래는 왕평 작사, 형석기 작곡으로 된 신민요이며 선우일선이 불렀다.

---

146) 장유정, 〈1930년대 신민요에 대한 당대의 인식과 수용〉, 한국민요학 12호, 2003, 312-313.

147) 〈'姜弘植'의 부른 〈朝鮮打令〉〉, 三千里, 1935. 11, 150-160.

148) 이주영, 〈신민요의 향토성과 조선적인 것〉, 한국어문국제학술포럼, 2008, 48.

에 금강산 일만 이천 봉마다 기암이요
한나산 높아 높아 속세를 떠났구나
에헤라 좋구나 좋다 지화자 좋구나 좋다
명승의 이 강산아 자랑이로구나

(후략...) - 〈조선팔경가〉(1935)

신민요 가수 선우일선의 데뷔곡에 해당한 〈조선팔경가〉는 터전을 잃어버린 당시 식민지 민중의 서러움과 슬픔, 청춘의 탄식, 고달픔, 삶의 애환 따위를 그녀의 구성지고 은은한 울림이 느껴지는 신민요 창법으로 대중들의 심금을 울렸다. 해방 후 신민요 창작에 노력과 정성을 기울여 온 형석기 작곡가는 〈조선팔경가〉란 제목으로 첫 발표 후 오랜 세월이 지난 뒤에도 이 곡은 여전히 대중들의 크나큰 반향을 얻었다.

오랫동안 대중의 사랑을 받은 〈조선팔경가〉는 해방 후 한국에서는 〈대한팔경가〉라고 제목을 바뀌었지만 북한에서는 원래 제목을 그대로 사용하였다. 1970년대 말에 북한 내의 새 정풍운동으로 형상화하면서 가사 속의 명소를 석굴암 대신 총석정, 해운대 대신에 동해의 푸른 물결, 한라산 대신에 북한에선 백두산 등 지역으로 개사해서 남과 북의 두 가지 버전으로 분리되었다. 〈조선팔경가〉는 2박자의 밝고 씩씩한 곡이다. 북한에서는 흥겨운 무용곡으로 사랑을 받고 있으며, 현재는 중국 동북지역의 조선족 자치구 전통명절이나 공연에서도 무용곡으로 널리 알려져 있다.

신민요의 특징 중 하나는 바로 허사(虛詞)와 여음(餘音)의 사용이라 할 수 있다. 〈조선타령〉의 가사에는 "에라 조와(좋아) 얼수 에라조와(좋아)라"와 같은 여음이 매 절마다 반복되어 등장한다. 〈조선팔경가〉에서도 "에헤라 좋구나 좋다 지화자 좋구나 좋다"와 같은 허사와 여음의 사용을 확인할 수 있다. 이러한 허사 여음은 트로트와 구별되는 신민요만의 두드러진 특징이기도 하다.

허사와 여음은 노래의 주제와는 무관하게 단순히 분위기를 돋우기 위해 사용된다. 따라서 내용적·정서적 측면보다는 형식적인 측면에서 대중이 신민요를 익숙하고 친근한 노래 양식으로 인식하는 데 중요한 역할을 했을 것으로 판단된다.[149]

2000년대에 들어 많은 학자들은 국토 예찬을 주제로 한 노래들이 선취된 미래를 향한 간절한 염원을 담고 있다고 주장했다. 특히 〈조선타령〉 4절의 가사 '영웅과 호걸이 문장에 나니 말함과 행함이 힘 있게 사네'에서 그러한 염원과 의지를 명확히 확인할 수 있다. 이는 뛰어난 인물이 많이 나와 힘차게 살아가기를 바라는 희망이자, 반드시 그렇게 될 것이라는 굳은 의지를 반영하는 구절이다. 이처럼 '선취된 미래'를 통해 소망을 기원하는 표현 방식은 신민요에서 특히 두드러지게 나타나는 특징이라 할 수 있다.

2) 감사의 마음을 담은 노래

중국에서 제2의 국가로 불려진 〈둥팡훙〉은 리여우웬(李有源)과 궁무(公木)가 작사하고, 리환즈(李渙之)가 작곡하였으며 산베이 혁명 근거지에서 가장 처음으로 유행된 신민가이다. 가사가 간결하고 선율이 선명해서 쉽게 따라 부를 수 있는 곡으로 중국 대중들의 사랑을 받았다.

---

149) 강영진, 위의 73쪽.

아래 〈둥팡훙〉의 노랫말을 살펴보도록 한다.

东方红, 太阳升
中国出了个毛泽东
他为人民谋幸福
呼尔嗨哟, 他是人民大救星
동쪽이 붉게 물들더니 태양이 떠오르네.
중국에 마오쩌둥이 나타나셨네.
그는 인민 행복 위해 봉사한다네.

에헤라디야, 인민을 구원하는 별이시라네! - 〈둥팡훙(東方紅)〉(1943)

〈둥팡훙〉은 산베이(陕北)전통민가 〈치바이마(骑白马)〉의 곡조를 인용하여 항일전쟁시기 새롭게 만들어진 신민가이다. 노래는 소박한 언어로 민중들이 마오쩌둥과 중국공산당의 항일에 대한 진심에서 우러나오는 고마움에 깊이 느끼는 감정을 표현했다. 비록 가사가 간단하지만 정감이 진실하고 선율도 기억하기 쉬워 민중들 사이에서 널리 전해지고 불렸다. 이 시기 신민가의 특징을 살펴보면,대부분 신민가의 선율은 전통민가를 그대로 따랐고, 내용만 당시 혁명근거지의 생활을 여러 모로 반영했다고 볼 수 있겠다.

노랫말 중에 마오쩌둥을 '태양'으로 비유하는 부분이 있는데, 이는 산베이 사람들이 마오쩌둥과 중국공산당에게 감사하는 마음을 표현하기 위해 불렀던 노래이기 때문이다.전국의 해방, 공산당의 집권에 따라 사람들이 마오쩌둥과 공산당에 대한 숭배와 존경심이 점점 더 커지고 두터워졌다는 점을 부각하였다. 정치적 색채와 선전적 효과가 강한 이 신민가는 신중국의 창립과 동시에 상징적인 노래로 자리매김하였으며 모든 민가가 금지되었던 문화대혁명시기에 〈둥팡훙〉은 제2의 국가(国歌)처럼 중앙라디오에서 매일 울렸다.

신민요와 같이 허사 여음들의 사용 또한 신민가의 가장 큰 특징이라 할 수 있겠다. 장효성[150]의 연구에 따르면 산베이 민가는 라오둥하오즈(노동요, 劳动号子), 신텐여우(산베이산가, 信天游), 샤오땨오(소곡, 小调) 세 가지로 분류된다. 노동요는 노동자가 일을 하는 리듬에 맞춰 불렀던 노래이다.노래 중간 중간에 환호성이나 감탄사가 자주 나오는데 이는 시간이 지남에 따라 점차적으로 미화되어 노래의 형식이 되었다.가사 속 "후얼헤이요(呼尔嗨哟)"는 우리의 "에헤라디야"와 같은 의미로, 이런 여음의 출연은 산베이 민가 노동요의 특징을 담았으며 이 짧고 간단한 가사에서 산베이 전통적인 민가요소를 가장 돋보이게 하는 부분이라 할 수 있다.

1943년 설날, 〈난니완(南泥湾)〉 이 곡은 옌안에서 처음으로 모습을 보였다. 난니완은 1936년 "대장정"[151]의 종착지였던 산시성 옌안 근처의 작은 마을이었다. 당시 '루쉰(魯迅)예술학교'의 앙가대(秧歌队)[152]가 난니완의 '359려(旅)'[153]의 영웅들을 위해 위문공연을 했는데, 그 중 〈난니

150) 장효성, 〈중국 전통민요 창법과 서양창법이 신민족창법에 미친 영향에 관한 연구〉, 배재대학교 석사논문, 2009, 16-18.

151) 대장정이란, 중국 남부의 쟝시(江西)성에 근거를 두고 있던 중화소비에트공화국 중앙정부와 중국 공산당이, 쟝제스의 국민당 군대의 포위 공격을 피해 홍군의 호위를 받으며 1만 2500킬로미터를 강행군하여 산시성 북부 옌안 인근으로 옮겨간 것을 말한다. 그 주인공이 현대 중국의 '홍태양(紅太陽)'으로 불리는 마오쩌둥(毛擇東)이라는 것이다.

152) 양가춤은 중국의 대표성이 있는 단체 민간무용의 한 가지 형식이다. 자기만의 특색이 있고 민중들의 환영을 아주 받고 있다. 양가춤을 추기 위해 성립된 10-100인 이상의 단체를 양가대라고 한다.

153) 1942년부터 중국의 산시(陝西), 간쑤(甘肅), 닝샤(寧夏) 지역의 홍군과 지역주민들의 '생산운동(生産運動)'이 점차적으로 고조에 도달했다. '생산모범'인 359

완〉은 산베이 지역의 앙가무(秧歌舞) 〈도화남(挑花籃)〉 중의 한 삽입곡이었다. 〈난니완〉은 아름답고 서정적인 선율로 대생산 운동에서 공을 세우고 황량한 난니완을 아름다운 '강남'으로 만든 홍군 병사들에 대한 열정적인 찬양과 감사를 담았다.

花藺的花兒香
听我來唱一唱 唱一呀唱
來到了南泥灣 南泥灣好地方
好地呀方
好地方來好風光 好地方來好風光
到處是庄稼 遍地是牛羊
(중략...)
陝北的好江南 鮮花開滿山 開滿呀山
學習那南泥灣 處處是江南 是呀江南
又學習來又生産 359旅是模範
咱們走向前 鮮花送模範
咱們走向前 鮮花送模範
꽃바구니의 꽃이 향기롭구나
내가 한번 불러보니 들어주세요, 한번 불러봐요
난니완에 왔더니 난니완은 좋은 곳일세
멋진 곳일세
좋은 곳, 좋은 경관, 좋은 곳, 좋은 경관
곳곳마다 농작물로 가득하고 도처에 소와 양이로구나
(중략...)
산베의 강남이여, 온 산에 꽃이 만발하네, 꽃이 만발하네
난니완을 배웁시다, 곳곳에 강남이라 강남일세

여(旅) 부대는 그 지역에서 명성이 자자했다. 황무지였던 난니완은 그들의 손을 거쳐 거대한 변화를 가져왔으며, 국내외 유명인사들의 관심을 끌어냈다.

배우고 생산하며 359여는 모범일세
우리는 앞으로 나아가 꽃다발을 모범에게 드리리
앞으로 나아가 꽃다발을 모범에게 드리리

- 〈난니완〉[154] (1943)

〈난니완〉은 일제강점기 마오쩌둥과 중국공산당이 산베이 옌안에서 머물 때 만들어진 신민가이다. 이 곡은 선율이 아름답고, 서정적이며, 열정적으로 황무지를 개척하여 황량한 난니완을 아름다운 '강남'으로 개조하는데 일등 공신인 홍군들을 노래하였다. 이 곡은 산베이 민간 가무의 음조와 리듬을 흡수하여 두 개의 대조적인 선율을 보여주고 있는데, 전반부는 부드럽고 서정적인가 하면 후반부는 율동적이고 쾌활한 춤곡 분위기를 조성했다. 역사적으로, 산베이 민가가 언제부터 생겨났는지 그 근원에 대해 본 문에서 논증하기는 어렵겠지만 중국학자들이 역사적 지식과 사회발전의 논리로 추측해 본 결과 산베이 민가의 시작은 5000년 전의 아름다운 전설에서부터 생겨났다[155]고 추측해볼 수 있다. 1930년대부터 40여 년 동안 산베이 민가는 혁명의 수요로 시작하여 시대의 발전에 따라 끊임없이 현재에 이르기까지 전해지고 있다.

---

154) 최명숙, 《중국 대중음악 연구》, 민속원, 2019, 101.
155) 徐丽东, 〈近 · 现代韩 · 中民谣의 대비적 연구〉, 성균관대학교 석사논문, 2009, 9.

맺음말

한중 근대가요의 대화, 모던 멜로디, 모던 시티

2021년 5월, 인천중구문화회관에서 '상하이 옛노래'라는 제목의 특별한 공연이 열렸다. 저자는 1930~40년대 상하이의 유행가를 직접 노래하고 이야기하는 대담 무대에 섰다. 시대를 관통한 멜로디들은 단순한 향수나 흥미를 넘어, "지금 이 노래들은 우리에게 무엇을 말하고 있는가?"라는 근본적인 질문을 내게 던졌다. 이 책은 바로 그 질문에서 출발한다.

그리고 이어서 7월에는 '모던 상하이, 모던 인천'이라는 제목으로 한중 근대 대중가요의 교차와 흐름을 조명하는 또 하나의 기획 공연이 열렸다. 상하이의 '시대곡(時代曲)'과 인천의 근대가요가 같은 시간 다른 공간에서 어떤 문화적 공명(共鳴)을 이루었는지를 탐색하며, 양 도시의 음악이 근대성을 어떻게 체화하고 확산시켜 왔는지에 대한 사유를 관객과 함께 나누는 자리였다. 이처럼 공연과 대담, 그리고 학술적 탐색이 어우러진 일련의 과정은, 단절된 과거의 음악을 현재로 불러오는 작업이자, 동아시아 대중문화의 근원을 다

시 사유하려는 작은 시도였다.

상하이 시대곡은 '국제도시'라는 공간적 배경 속에서 자본과 대중 취향에 휘둘린 퇴폐적인 음악으로 간주되며, 부정적인 인식이 보편화 되었다.[156] 마찬가지로 한국의 트로트 역시 오랜 시간 동안 '왜색'이라는 평가에서 자유롭지 못했다.[157]

한국 대중음악사의 가장 긴 시간을 향유했던 트로트는 이제 기성세대에는 추억을, 젊은 세대에는 새로운 인식 기회를 제공하며 K-POP 열풍에 이바지하고 있다. 현대의 트로트는 과거에 비해 선율, 화성, 창법, 가사 등의 음악적 변화와 가수의 연령층, 의상, 무대, 마케팅 전략 등의 음악 외적인 변화 모든 면에서 그 특징과 질감이 변화되고 있다. 이러한 변화는 역사 속으로 사라질 트로트를 다시 한 번 대중음악산업의 주류장르로 이끄는 원동력으로 작용하고 있다.[158]

2000년대 이후, 트로트는 다시 대중들의 뜨거운 사랑을 받기 시작하였고 특히, 최근 오디션 프로그램으로 뜨거운 열풍으로 그 인기를 증명하면서 한국 대중문화를 대표하는 중요한 장르로 자리 잡고 있다. 중국에서도 상하이 도시문화에 대한 새로운 인식과 학술적 관심의 확대 속에서 시대곡에 대한 새로운 접근방식들이 시도되고 있다. 이 때문에 근대 한중 대중가요에 대한 연구는 한국 대중가요의 통시적 이해에도 포함되어야 하는 중요한 영역이고 주목할 필요가 있다고 생각한다.

---

156) 김태연, 〈黎錦暉와 時代曲의 탄생〉, 中國現代文學 第66號, 2013, 2.

157) 장유정, 〈한국 트로트의 정체성에 대한 일고찰-1945년 이전 노래의 시적 자아의 정서를 중심으로〉, 구비문학연구 제16집, 2003, 2.

158) 김희선, 한경훈, 〈현대 트로트의 변화에 따른 수요층 증가요인 고찰〉, 글로벌문화콘텐츠, 2019, 49.

이 책에서 살펴본 바와 같이, 1930~40년대 상하이를 중심으로 형성된 중국의 근대 대중가요, 이른바 '시대곡(時代曲)'은 단순한 유행가의 범주를 넘어, 당대 도시인의 정서와 시대적 욕망을 담아낸 문화적 산물이자, 근대 중국의 정체성이 응축된 예술 형식이었다. '사랑'과 '애국'을 두 축으로 한 시대곡의 양대 흐름은, 상하이라는 도시 공간에서 빠르게 상업화된 영화·음악 산업과 결합하며, 대중성과 예술성을 동시에 확보해나갔다.

이러한 흐름 속에서 저우쉬안은 시대곡의 정서를 가장 섬세하게 구현한 목소리로, 단지 '가수'가 아니라 시대와 문화의 '서사'를 담은 예술가로 자리매김하였다. 그녀의 음악은 감미로운 창법과 현대적인 감성, 전통적 소리의 미학이 절충된 결과물로서, 중국 근대 대중음악사에서 지워지지 않을 독보적인 위상을 차지하고 있다. 동시에 저우쉬안이라는 한 인물의 예술 생애는 시대곡의 형성과 발전, 그리고 도시문화와 예술의 긴밀한 관계를 통찰할 수 있는 중요한 열쇠가 되었다.

또한 본 연구는 저우쉬안을 중심으로 한 시대곡의 문화적·예술적 가치에 주목하는 동시에, 한중 양국의 근대 대중가요가 동일한 시간대 속에서 어떻게 서로 다른 사회적 조건 속에서도 일정한 공명(共鳴)을 이뤘는지를 비교문화적 관점에서 조망하였다. 특히 '신민가'와 '신민요'의 비교를 통해 나타난 유사성과 차이는, 두 지역의 대중음악이 단지 모방이나 수용을 넘어, 고유의 감성과 정체성을 구축해나간 독자적 흐름이었음을 시사한다.

이러한 연구 성과를 바탕으로, 향후에는 한국의 트로트와 중국의 시대곡 사이의 보다 본격적인 비교 연구를 수행하고자 한다. 트로트는 한국 대중음악의 정체성을 대표하는 장르로, 1930년대 이후 꾸준히 변화를 거듭해 왔으며, 그동안 장유정, 이영미, 민경찬 등 여러 연구자들에 의해 체계적인 탐구가 이루어져 왔다. 이에 필자는 지금까지 축적한 시대곡과 신민가에 대한 연구를 기반으로, 트로트와의 음악적·정서적 공통점과 차이점을 분석하는 후속 연구를 통해, 동아시아 근대 대중음악의 교차성과 상호작용을 보다 심화된 시각에서 탐색해보고자 한다.

지금까지의 논의는 저우쉬안이라는 인물을 통해 중국 근대 대중음악의 정체성과 문화적 의의를 재조명하려는 시도였다. 이 작은 연구가 향후 한중 대중음악 비교 연구의 디딤돌이자, 동아시아 근대문화 연구의 폭을 넓히는 작은 밑거름이 되기를 기대하며, 이 책의 결론을 맺는다.

저우쉬안의 대표 歌曲 · 歌词

1. 천애가녀 – 天涯歌女
2. 사계가 – 四季歌
3. 하일군재래 – 何日君再来
4. 월원화호 – 月圆花好
5. 채빈랑 – 采槟榔
6. 봉양화고 – 凤阳花鼓
7. 어가녀 – 渔家女
8. 봉황우비 – 凤凰于飞
9. 화양적연화 – 花样的年华
10. 야상해 – 夜上海

天涯歌女

词 : 田汉
曲 : 贺绿汀

天涯呀 海角
觅呀觅知音
小妹妹唱歌 郎奏琴
郎呀 咱们俩是一条心
爱呀爱呀郎呀
咱们俩是一条心

家山呀 北望
泪呀泪沾襟
小妹妹想郎 直到今
郎呀 患难之交恩爱深
爱呀爱呀郎呀
患难之交恩爱深

人生呀 谁不
惜呀惜青春
小妹妹似线郎似针
郎呀 穿在一起不离分
爱呀爱呀郎呀
穿在一起不离分

천애가녀

작사 : 텐한
작곡 : 허뤼딩

천애와 해각에서
벗을 찾아 헤매네
작은 아가씨는 노래하고 낭군은 거문고를 타네
낭군이여, 우리 둘은 한마음
사랑이여, 사랑이여, 낭군이여
우리 둘은 한마음이네

고향을 북쪽으로 바라보며
눈물이 옷깃을 적시고
작은 아가씨는 낭군을 지금까지 그리워하네
낭군이여, 고난 속의 벗은 더욱 깊은 사랑이라
사랑이여, 사랑이여, 낭군이여
고난 속의 벗은 더욱 깊은 사랑이라네

사람이라면 누군들
젊음을 아끼지 않으랴
작은 아가씨는 실 같고 낭군은 바늘 같아
낭군이여, 함께 꿰어져 떨어질 수 없네
사랑이여, 사랑이여, 낭군이여
함께 꿰어져 떨어질 수 없네

- 1937년 영화 《马路天使》의 삽입곡

四季歌

词 : 田汉
曲 : 贺绿汀

大姑娘窗下绣鸳鸯
忽然一阵无情棒
打得鸳鸯各一方
夏季到来柳丝长

大姑娘漂泊到长江
江南江北风光好
怎及青纱起高粱
秋季到来荷花香

大姑娘夜夜梦家乡
醒来不见爹娘面
只见窗前明月光
冬季到来雪茫茫
寒衣做好送情郎
血肉筑出长城长
侬愿做当年小孟姜

사계가

작사 : 톈한
작곡 : 허뤼딩

처녀가 창가에서 원앙을 수놓고 있었는데
갑자기 무정한 몽둥이질 한 번
원앙 한 쌍은 뿔뿔이 흩어졌네
여름이 오고 버들은 푸르게 늘어지는데

처녀는 떠돌아 장강까지 흘러왔네
강남도 강북도 경치가 좋다지만
어찌 푸른 모시 두른 고향 고량밭만 하랴
가을이 오고 연꽃 향기 가득한데

처녀는 날마다 밤마다 고향을 꿈꾸네
잠에서 깨어 아버지 어머니를 찾으나
창밖엔 오직 밝은 달빛만 비추네
겨울이 오고 눈은 하얗게 덮였는데
따뜻한 겨울옷 지어 사랑하는 이에게 보내네
살과 피로 긴 성벽을 쌓는다 했던가
나는 기꺼이 옛날의 맹강녀가 되리라네

- 1937년 영화 《马路天使》의 삽입곡

何日君再来

词 : 黄嘉谟
曲 : 刘雪庵

好花不常开 好景不常在
愁堆解笑眉 泪洒相思带
今宵离别后 何日君再来
喝完了这杯 请进点小菜
人生能得几回醉 不欢更何待
来来来 喝完这杯再说吧
今宵离别后 何日君再来

停唱阳关叠 重擎白玉杯
殷勤频致语 牢牢抚君怀
今宵离别后 何日君再来
喝完了这杯 请进点小菜
人生能得几回醉 不欢更何待
哎 再喝一杯 干了吧
今宵离别后 何日君再来

하일군재래

작사: 황자무오

작곡: 류쉐안

아름다운 꽃은 영원히 피어있지 못하고
멋진 경치도 영원히 머물러 있지 못하네
시름이 쌓여 눈가의 웃음도 사라지고
눈물이 그리움을 담고 흐르네
오늘 밤 떠난 뒤에
임은 언제 돌아오실까

이 술잔 비우시고
안주도 좀 드세요
사는 동안 이리 취하는 날도 많지 않으니
지금 즐기지 않고 뭘 더 기다리나요
이 잔을 다 마시고 봅시다!
오늘 밤 떠난 뒤에
임은 언제 다시 돌아오실까

- 1937年 영화《三星伴月》삽입곡

月圆花好

词 : 范烟桥
曲 : 严华

浮云散 明月照人来
团圆美满 今朝醉
清浅池塘 鸳鸯戏水
红裳翠盖 并蒂莲开
双双对对 恩恩爱爱
这园风儿向着好花吹
柔情蜜意满人间

월원화호

작사: 판옌챠오

작곡: 옌화

뜬 구름 흩어지고
밝은 달빛이 사람을 비추네
오늘 이 밤
화목하고 원만한 술자리에 취하였네
맑고 잔잔한 연못 위엔
원앙이 물장구치며 장난치고
붉은 치마, 푸른 덮개 아래엔
한 줄기에 두 송이 연꽃이 피어났네
둘씩 짝지어, 은은히 사랑을 속삭이고
정답고 다정하게 서로 기대네
이 정원의 바람은 고운 꽃을 향해 불어오고
부드러운 정과 달콤한 마음이 온 세상에 가득하네

- 1940년 영화 《西厢记》 삽입곡

采槟榔

词 : 殷忆秋
曲 : 黎锦光

高高的树上结槟榔
谁先爬上谁先尝
谁先爬上我替谁先装
少年郎采槟榔
姐姐提篮抬头望
低头又想他又美他又壮
谁人比他强
赶忙来叫声我的郎呀
青山好呀流水长
那太阳已残
那归鸟在唱
叫我俩赶快回家乡

채빈랑

작사: 인이츄
작곡: 리진광

높은 나무 위 빈랑이 열렸네
누가 먼저 오르나 먼저 맛보리
먼저 오른 이에게 내가 먼저 담아주리
젊은 총각 빈랑을 따고
언니는 바구니 들고 올려다보네
고개 숙여 다시 생각하니
곱고 늠름한 그 모습, 누가 그보다 나을까
서둘러 불러보네, “내 사랑이여”
푸른 산 좋고, 흐르는 물 길구나
저 태양은 저물고
돌아드는 새가 노래하니
우리 둘이 서둘러 고향으로 돌아가자네

凤阳花鼓

词 : 殷忆秋
曲 : 黎锦光

左手锣 右手鼓 手拿着锣鼓来唱歌
别的歌儿我也不会唱 单会唱个凤阳歌
凤凤阳鼓咿呀儿呀呀儿哟
得儿棱登飘一飘 得儿棱登飘一飘
得儿飘 得儿飘 得儿飘 得儿飘飘
又得儿飘飘飘一飘

我命苦 真命苦 一生一世嫁不着好丈夫
人家丈夫做官又做府 我家丈夫单会打花鼓
打打花鼓咿呀儿呀呀儿哟
得儿棱登飘一飘 得儿棱登飘一飘
得儿飘 得儿飘 得儿飘 得儿飘飘
又得儿飘飘飘一飘

我命薄 真命薄 一生一世讨不着好老婆
人家老婆绣花又绣朵 我家老婆两只大花脚
量量一尺多 咿呀儿呀呀儿哟
得儿棱登飘一飘 得儿棱登飘一飘
得儿飘 得儿飘 得儿飘 得儿飘飘
又得儿飘飘飘一飘

봉양화고

작사: 인이츄
작곡: 리진광

왼손엔 징, 오른손엔 북 손에 징과 북 들고 노래 부르네
다른 노래는 몰라도 오직 '봉양가'만 부를 줄 알지
봉봉양 북소리, 아이야 아이야
덜러덩 춤추고 덜러덩 춤추며
덜러덩 덜러덩 덜러덩 덩러덩덩
또 덜러덩 덩덩 춤추네

내 팔자는 참으로 고달퍼 일생에 좋은 남편 못 만나고
남들 남편은 벼슬도 하고 우리 남편은 오직 북만 치네
북만 치고, 아이야 아이야
덜러덩 춤추고 덜러덩 춤추며
덜러덩 덜러덩 덜러덩 덩러덩덩
또 덜러덩 덩덩 춤추네

내 팔자는 참으로 약해 일생에 좋은 아내 못 만나고
남들 아내는 꽃수 놓고 우리 아내는 두 발이 커다란 꽃발
길이 한 자 넘게, 아이야 아이야
덜러덩 춤추고 덜러덩 춤추며
덜러덩 덜러덩 덜러덩 덩러덩덩
또 덜러덩 덩덩 춤추네

- 1935년 진보 영화《大路》삽입곡

渔家女

词 : 李隽青
曲 : 黎锦光

伴那海中旭日升
是我扁舟一叶轻
风带着船行
浪随着橹飘
我心共潮水呼应
未计暮和朝
但怕鱼儿少
艰辛工作
惟望渔获网内盈
白天捕鱼跟海鸥结伴
疾风中海里长征
下网不分春或冬
伴你出海愉快中
风带着船行
浪随着橹飘
每日忙个没停

어가녀

작사 : 리쥐안칭

작곡 : 리진광

바다 위 떠오르는 아침 해를 따라
나는 가벼운 한 척의 조각배 되어 흘러가네.
바람이 배를 밀고
물결은 노를 따라 흐르네.
내 마음, 파도와 함께 숨 쉬고
아침저녁 따지지 않네.
그저 물고기가 적을까 두려울 뿐,
고된 일은 마다하지 않으리.
그물 안 가득 고기가 들기만 바랄 뿐이네.
낮에는 고기 잡고 갈매기와 벗하며,
질풍 속 바다에서 긴 여정을 나서네.
그물 던짐에 계절을 가리지 않으니~
봄이든 겨울이든, 함께 바다에 나서네.
기쁨 속 너와 함께 바다로 가고,
바람이 배를 밀고
물결은 노를 따라 흐르네.
바쁜 하루, 쉴 틈도 없이 이어지네.

- 1943년 영화《渔家女》주제곡

凤凰于飞

词 : 陈蝶衣
曲 : 陈歌辛

柳媚花妍莺声儿娇 春色又向人间报到
山眉水眼盈盈的笑 我也投入了爱的怀抱
像凤凰于飞在云霄 一样的逍遥
像凤凰于飞在云霄 一样的轻飘
分离不如双栖的好 珍重这花月良宵
分离不如双栖的好 且珍惜这青春年少

莫把流光辜负了 莫把流光辜负了
要学那凤凰于飞 凤凰于飞在云霄
像凤凰于飞在云霄 一样的逍遥
像凤凰于飞在云霄 一样的轻飘
分离不如双栖的好 珍重这花月良宵
分离不如双栖的好 且珍惜这青春年少

봉황우비

작사: 천데이
작곡: 천거신

버들 눈짓, 꽃은 곱고, 꾀꼬리 소리 고와라
봄빛은 다시 세상에 인사를 전하네
산의 눈썹, 물의 눈동자, 가득히 웃는 얼굴
나도 사랑의 품속에 몸을 맡기네
구름 위를 봉황처럼 함께 날며 자유롭고
봉황처럼 구름 사이를 가볍게 떠돌며
이별보다는 함께 머무는 게 더 좋아
이 꽃피는 밤을 소중히 여기자
이별보다는 나란히 사는 게 더 좋아
이 젊고 푸른 나날을 아껴가자
흘러가는 이 시간을 헛되이 보내지 말자
우리의 봄날을 헛되이 흘려보내지 말자
우리도 봉황처럼 함께 날자
구름 위를 나른히 떠도는 그 자유로움처럼
하늘 높이 가볍게 오르는 그 설렘처럼
홀로보단 둘이 머무는 게 더 좋으니
이 꽃과 달빛 가득한 밤을 소중히 여기자
홀로보단 둘이 살아가는 게 더 좋으니
이 젊은 날, 이 순간을 함께 아끼자

- 1945년 영화《凤凰于飞》삽입곡

花样的年华

词：范烟桥
曲：陈歌辛

冰雪样的聪明
美丽的生活
多情的眷属
圆满的家庭
蓦地里这孤岛
笼罩着残雾愁雨
残雾愁雨
啊 可爱的祖国
几时我能够靠近你的怀抱
能见那雾消云散
重见你放出光明
花样的年华
月样的精神
蓦地里这孤岛
笼罩着残雾愁雨
残雾愁雨
啊 可爱的祖国
几时我能够靠近你的怀抱
能见那雾消云散
重见你放出光明
花样的年华
月样的精神

화양적연화

작사: 판엔챠오
작곡: 천거신

얼음처럼 맑고 영민한 마음
아름다운 삶, 다정한 인연
원만한 가정의 기쁨
그런데 이 외로운 섬 위에
짙은 안개와 슬픈 비가 드리우네
슬픈 안개, 흐린 비가
아아, 사랑하는 조국이여
언제쯤이면 그 품에 안길 수 있을까
그 안개 걷히고 구름 흩어져
다시 네 빛나는 얼굴을 볼 수 있을까
꽃 같은 청춘, 달 같은 정신
그런데 이 외로운 섬 위에
짙은 안개와 슬픈 비가 드리우네
슬픈 안개, 흐린 비가
아아, 사랑하는 조국이여
언제쯤이면 그 품에 안길 수 있을까
그 안개 걷히고 구름 흩어져
다시 네 찬란한 빛을 볼 수 있을까
꽃 같은 청춘, 달 같은 마음으로

- 1947년 홍콩 영화 《长相思》 삽입곡

夜上海

词 : 范烟桥
曲 : 陈歌辛

夜上海 夜上海
你是个不夜城
华灯起车声响歌舞升平

只见她笑脸迎
谁知她内心苦闷
夜生活都为了衣食住行

酒不醉人人自醉
胡天胡地蹉跎了青春
晓色朦胧 倦眼惺忪
大家归去心灵儿随着转动的车轮

换一换新天地
别有一个新环境
回味着夜生活如梦初醒

야상해

작사: 판엔챠오
작곡: 천거신

밤의 상하이, 밤의 상하이
당신은 밤이 사라지지 않는 도시
화려한 불빛이 켜지고, 차 소리가 울리고
노래와 춤이 한창이네
그녀는 웃는 얼굴로 손님을 맞지만
그 마음속엔 고통과 번민이 가득하네
밤의 생활은 모두가 의식주를 위한 것
술은 사람을 취하게 하지 않지만
사람은 스스로 취하고
헛된 세월 속에 청춘을 허비하네
새벽빛이 희미하게 밝아오고
지친 눈은 겨우 떠지네
사람들은 집으로 돌아가고
그들의 마음은 회전하는 자동차 바퀴 따라 흔들리네
새로운 세상을 바꾸어 보자
또 다른 환경이 있을지니
밤의 생활을 되새기며
마치 꿈에서 이제 막 깨어난 듯하네

- 1947년 영화 《长相思》 삽입곡

덩리쥔 대표 歌曲 · 歌词

1. 소성고사 - 小城故事
2. 천언만어 - 千言万语
3. 단원인장구 - 但愿人长久
4. 월량아적대표심 - 月亮代表我的心
5. 첨밀밀 - 甜蜜蜜

小城故事

词 : 庄奴
曲 : 翁清溪

小城故事多
充满喜和乐
若是你到小城来
收获特别多

看似一幅画
听像一首歌
人生境界真善美
这里已包括
谈的谈 说的说
小城故事真不错
请你的朋友一起来
小城来做客
谈的谈 说的说
小城故事真不错
请你的朋友一起来
小城来做客

소성고사

작사: 좡누
작곡: 웡칭시

작은 마을엔 이야기가 많아
기쁨과 웃음이 가득하지요
당신이 이곳에 오신다면
얻는 것이 참으로 많을 거예요
그림처럼 눈에 곱고
노래처럼 귀에 들려오는
삶의 참된 선함과 아름다움
모두 이곳에 담겨 있답니다
도란도란 이야기꽃 피고
정겨운 말들이 이어지니
작은 마을 이야기 정말 좋아요
친구와 함께 꼭 놀러 오세요
도란도란 이야기꽃 피고
정겨운 말들이 이어지니
작은 마을 이야기 정말 좋아요
당신의 친구도 함께 초대해요

- 1979년 대만 영화 《小城故事》 삽입곡

千言万语

词 : 尔英
曲 : 左宏元

不知道为了什么
忧愁它围绕着我
我每天都在祈祷
快赶走爱的寂寞
那天起 你对我说
永远的爱着我
千言和万语随浮云掠过
不知道为了什么
忧愁它围绕着我
我每天都在祈祷
快赶走爱的寂寞

천언만어

작사: 잉얼

작곡: 줘훙위안

왜 그런지 모르겠어요
근심이 자꾸 날 감싸와요
나는 매일 기도하죠
사랑의 외로움, 제발 거둬가달라고
그날 당신 내게 말했죠
영원히 날 사랑한다고
수많은 말들이 떠돌다
구름 따라 사라졌죠
왜 그런지 모르겠어요
근심이 자꾸 날 감싸와요
나는 매일 기도하죠
사랑의 외로움, 제발 거둬가달라고

- 1973年 영화 《彩云飞》 삽입곡

但愿人长久

词 : 梁弘志
曲 : 肖唯忱

明月几时有 把酒问青天
不知天上宫阙 今昔是何年
我欲乘风归去 唯恐琼楼玉宇
高处不胜寒 起舞弄清影
何似在人间
转朱阁 低绮户 照无眠
不应有恨 何事长向别时圆

人有悲欢离合 月有阴晴圆缺
此事古难全 但愿人长久
千里共婵娟
转朱阁 低绮户 照无眠
不应有恨 何事长向别时圆 别时圆
人有悲欢离合 月有阴晴圆缺
此事古难全 但愿人长久 千里共婵娟

단원인장구

작사: 량룽쯔

작곡: 샤오웨이천

밝은 달은 언제 솟았는가 잔을 들고 푸른 하늘에 묻노라
하늘 저 궁전엔 지금이 어느 해일는지 알 수 없구나
바람을 타고 돌아가고 싶지만 옥루와 옥궁은
너무 높아 추위조차 감당 못할까 두렵네
춤추며 맑은 그림자와 어울리니
이 몸이 인간 세상에 있는 듯 않구나
붉은 누각을 돌고 비단 창 아래 잠 못 드는 이를 비추네
원망할 일 아니건만

어째서 늘 이별 때에야 달이 더 둥근가
사람의 삶엔 슬픔과 기쁨, 이별과 만남이 있으니
달 또한 그믐과 보름, 흐림과 맑음이 있으니
이 모든 것 예부터 완전할 수 없었네
다만 바랄 뿐,
사랑하는 이 오래도록 안녕하기를 천리 먼 곳에서도
같은 달빛을 함께 바라보기를 붉은 누각을 돌고
비단 창 아래 잠 못 드는 이를 비추네
원망할 일 아니건만
어째서 늘 이별 때에야 달이 더 둥근가
사람의 삶엔
슬픔과 기쁨, 이별과 만남이 있으니
달 또한 그믐과 보름, 흐림과 맑음이 있으니
이 모든 것 예부터 완전할 수 없었네
다만 바랄 뿐,
사랑하는 이 오래도록 안녕하기를
천리 먼 곳에서도
같은 달빛을 함께 바라보기를

- 1983년, 是根据苏轼的《水调歌头·明月几时有》改写

月亮代表我的心

词 : 孙仪
曲 : 翁清溪

你问我爱你有多深 我爱你有几分
我的情也真 我的爱也真
月亮代表我的心
你问我爱你有多深 我爱你有几分
我的情不移 我的爱不变
月亮代表我的心

轻轻的一个吻 已经打动我的心
深深的一段情 教我思念到如今
你问我爱你有多深 我爱你有几分
你去想一想 你去看一看
月亮代表我的心

你问我爱你有多深 我爱你有几分
我的情也真 我的爱也真
月亮代表我的心
你问我爱你有多深 我爱你有几分
我的情不移 我的爱不变
月亮代表我的心

월량아적대표심

작사: 순이
작곡: 웡칭시

당신이 내게 물었죠
내가 당신을 얼마나 사랑하냐고
내 마음은 참되고
내 사랑도 진실해요
달빛이 내 마음을 대신 말해주죠
당신이 내게 물었죠
내가 당신을 얼마나 사랑하냐고
내 마음은 변치 않고
내 사랑은 흔들림 없어요
달빛이 내 마음을 대신 말해주죠
가볍게 건넨 그 한 번의 입맞춤
벌써 내 마음을 움직였고
깊고 깊은 이 사랑은
지금까지도 그리움으로 남았어요
당신이 내게 물었죠
내가 당신을 얼마나 사랑하냐고
생각해봐요, 바라봐요
달빛이 내 마음을 대신 말해주죠
당신이 내게 물었죠
내가 당신을 얼마나 사랑하냐고
내 마음은 참되고
내 사랑도 진실해요
달빛이 내 마음을 대신 말해주죠
당신이 내게 물었죠
내가 당신을 얼마나 사랑하냐고
내 마음은 변치 않고
내 사랑은 흔들림 없어요
달빛이 내 마음을 대신 말해주죠

- 1973년 천펀란(陈芬兰)이 처음 부른 곡
- 1977년 덩리쥔《岛国之情歌-第四集香港之恋》앨범에 수록

甜蜜蜜

词 : 庄奴
曲 : 印度尼希亚民歌

甜蜜蜜 你笑得甜蜜蜜
好像花儿开在春风里
开在春风里
在哪里 在哪里见过你
你的笑容这样熟悉
我一时想不起
啊 在梦里
梦里 梦里见过你
甜蜜 笑得多甜蜜
是你 是你 梦见的就是你

첨밀밀

작사: 좡누

작곡: 인도네시아 《Dayung Sampan》 민요

달콤해, 당신의 미소 참 달콤해요
마치 봄바람에 핀 꽃처럼
봄바람 속에 피어난 꽃처럼요
어디서였죠, 어디서 당신을 봤을까요
당신의 미소, 어쩜 이리도 익숙할까요
하지만 당장은 떠오르지 않아요
아, 꿈속에서였죠
꿈에서, 꿈속에서 만났죠
그 달콤한 미소, 참으로 달콤했어요
그래요, 그건 바로 당신
내 꿈에 나타난 바로 당신이에요

- 1979년 앨범 《甜蜜蜜》에 수록

리꾸이 대표 歌曲 · 歌词

1. 융화 – 融化
2. 매매조가류화류 – 妹妹找哥泪花流
3. 변강적천수청우순 – 边疆的泉水清又纯
4. 향연 – 乡恋
5. 난망금소 – 难忘今宵

绒花

词 : 刘国富 田农
曲 : 王酩

世上有朵美丽的花
那是青春吐芳华
铮铮硬骨绽花开
沥沥鲜血染红它
啊 啊 绒花 绒花
啊 啦 一路芬芳满山崖

世上有朵英雄的花
那是青春放光华
花载亲人上高山
顶天立地迎彩霞
啊 啊 绒花绒花
啦 啦 一路芬芳满山崖

융화

작사: 류궈푸, 텐눙
작곡: 왕밍

세상에 한 송이 아름다운 꽃이 있으니
그것은 청춘이 피워낸 향기로운 꽃
굳센 뼈대가 꽃으로 피어나고
떨리는 피가 붉게 물들이네
아, 아, 융화 융화
아, 라, 온 산 허리를 가득 채운 향기

세상에 한 송이 영웅의 꽃이 있으니
그것은 청춘이 빛을 발하는 꽃
꽃은 사랑하는 이들을 산 꼭대기로 올려
하늘을 이으며 찬란한 노을을 맞이하네
아, 아, 융화 융화
라, 라, 온 산 허리를 가득 채운 향기

- 1979년 영화《小花》삽입곡

妹妹找哥泪花流

词 : 王凯传
曲 : 王酩

妹妹找哥泪花流
不见哥哥心忧愁 心忧愁
望穿双眼盼亲人
花开花落几春秋
啊… 花开花落几春秋

当年抓丁哥出走
背井离乡争自由 争自由
如今山沟得解放
盼哥回村报冤仇
啊… 盼哥回村报冤仇

万语千言挂心头
妹愿随哥脚印走 脚印走
赢得天下春常在
迎来家乡山河秀
啊… 迎来家乡山河秀
啊… 啦啦 啦啦啦啦

매매조가류화류

작사: 왕카이좐
작곡: 왕밍

여동생은 오빠를 찾아 눈물 흘리네
보이지 않는 오빠, 마음은 근심에 젖었네
근심 가득한 마음으로
깊이 응시하는 두 눈, 가족을 기다리며
꽃이 피고 지듯 여러 해가 흘렀네
아… 꽃이 피고 지듯 여러 해가 흘렀네

그때 징집된 오빠는 고향을 떠나
고향을 등지고 자유를 쟁취하려 했지
자유를 위해 싸웠네
이제 산골에도 해방이 찾아와
오빠가 마을로 돌아와 원한을 갚길 바라네
아… 오빠가 마을로 돌아와 원한을 갚길 바라네
수많은 말들이 마음에 걸려
여동생은 오빠 발걸음을 따라가려 하네
오빠의 발자취를 따라가며
세상에 봄이 영원히 깃들고
고향 산천이 아름다워지길 바라네
아… 고향 산천이 아름다워지길 바라네
아… 라라 라라라라

- 1979년 영화《小花》삽입곡

边疆的泉水清又纯

词 : 王凯传
曲 : 王酩

边疆的泉水清又纯
边疆的歌儿暖人心
暖人心
清清泉水流不尽
声声赞歌唱亲人
唱亲人边防军
军民鱼水情意深
情意深
哎 哎 哎
唱亲人边防军
军民鱼水情意深
情意深

顶天的青松扎深根
人民的军队爱人民
爱人民
浩浩林海根相连
军民联防一条心
一条心保边疆
锦绣河山万年春
万年春
哎 哎 哎
一条心保边疆
锦绣河山万年春
万年春
哎 哎 哎

변강적천수청우순

작사: 왕카이촨

작곡: 왕밍

변방의 샘물은 맑고 깨끗해
변방의 노래는 마음을 따뜻하게 하네
맑고 맑은 샘물은 흐름이 끊이지 않고
찬송의 노래는 가족을 노래하네
가족을 노래하네, 변방의 국경수비군을
군민은 물과 물처럼 깊은 정을 나누네
깊은 정을 나누네, 아아 아아 아아
가족을 노래하네, 변방의 국경수비군을
군민은 물과 물처럼 깊은 정을 나누네
깊은 정을 나누네, 아아 아아 아아
하늘을 받드는 푸른 소나무, 뿌리 깊이 박고
인민의 군대는 인민을 사랑하네, 사랑하네
끝없는 숲과 산, 뿌리는 서로 이어지고
군과 민은 하나 되어 국경을 지키네
한마음으로 변방을 지키며
아름다운 강산에 만년 봄을 지키리, 만년 봄
아아 아아 아아
한마음으로 변방을 지키며
아름다운 강산에 만년 봄을 지키리, 만년 봄
아아 아아 아아

- 1977년 영화《黑三角》삽입곡

乡恋

词 : 马靖华
曲 : 张丕基

你的身影
你的歌声
永远印在
我的心中
昨天虽已消逝
分别难相逢
怎能忘记
你的一片深情
昨天虽已消逝
分别难相逢
怎能忘记
你的一片深情

我的情爱
我的美梦
永远留在
你的怀中
明天就要来临
却难得和你相逢
只有风儿
送去我的一片深情
明天就要来临
却难得和你相逢
只有风儿
送去我的深情

향연

작사: 마징화
작곡: 장피지

당신의 모습 당신의 노래
영원히 새겨져 내 마음 속에
어제가 지나갔지만
이별은 쉽게 만날 수 없고
어찌 잊을 수 있겠나요

당신의 깊은 마음을
어제가 지나갔지만
이별은 쉽게 만날 수 없고
어찌 잊을 수 있겠나요
당신의 깊은 마음을

내 사랑 내 아름다운 꿈
영원히 머물러 당신의 품 안에
내일이 다가오지만
당신과 만나기 힘들고
바람만이 내 깊은 마음 전하네요
내일이 다가오지만
당신과 만나기 힘들고
바람만이
내 깊은 마음 전하네요

- 1979년 TV 풍경 다큐멘터리 《三峡传说》 삽입곡

难忘今宵

词 : 乔羽
曲 : 王酩

难忘今宵 难忘今宵
不论天涯与海角
神州万里同怀抱
共祝愿祖国好 祖国好
共祝愿 祖国好
共祝愿 祖国好
告别今宵 告别今宵
不论新友与故交
明年春来再相邀
青山在 人未老 人未老
青山在 人未老
青山在 人未老
共祝愿 祖国好
共祝愿 祖国好

난망금소

작사: 샤오위
작곡: 왕밍

잊지 못할 이 밤, 잊지 못할 이 밤
먼 곳이라 해도, 바다 건너라도
신주의 만 리 땅, 한마음 안고서
함께 기원하네, 조국의 평안과
조국의 평안과
함께 기원하네, 조국의 평안과
함께 기원하네, 조국의 평안과
이 밤을 아쉬워하며, 이 밤을 아쉬워하며
새로운 친구도, 오래된 벗도
내년 봄이 오면 다시 만나자며
푸른 산은 늘 그대로, 사람은 늙지 않았네
사람은 늙지 않았네
푸른 산은 늘 그대로, 사람은 늙지 않았네
함께 기원하네, 조국의 평안과
함께 기원하네, 조국의 평안과

- 1984년 CCTV 춘절연환만회

참고문헌

루홍스 · 슈샤오밍 지음, 김정욱 역, 《중국영화사》, 광주: 전남대학교출판부, 2013.

민경찬, 장전, 야스다 히로시, 류인옥, 김성준, 《동아시아와 서양음악의 수용》, 서울: 음악세계, 2008.

이유갑 · 민재홍 · 오제중 · 윤창준 · 장재웅, 《테마로 중국문화를 말하다》, 고양: 학고방, 2016.

위아이청 저, 이용욱 · 구성철 역, 《대중음악으로 이해하는 중국》, 고양: 학고방, 2005.

최창근, 《가희 덩리쥔 - 아시아의 밤을 노래하다》, 파주: 한길사, 2017.

최명숙, 《중국 대중음악 연구》, 서울: 민속원, 2019.

羅蘇文, 《近代上海: 都市社會與生活》, 北京: 中華書局, 2004.

孫蕤, 《中國流行音樂簡史(1917~1970)》, 北京: 中國文聯出版社, 2004.

王勇 · 鮑靜, 《海上留聲-上海老歌縱橫談》, 上海: 上海音樂出版社, 2009.

黃奇智, *《時代曲的留光歲月1930~1970》*, 香港: 香港三聯書店, 2000.

汪毓和, *《中國近現代音樂史》*, 北京: 人民音樂出版社, 2009.

伍春明, *《"時代曲"與"救亡歌"-20世紀上半葉中國流行歌曲的人文解讀》*, 北京: 人民出版社, 2010.

周偉 · 常晶, 《我的媽媽周璇》, 山西: 山西人民出版社, 1987, 초판, 2002.

朱自清, 《經典常談》, 中華書局, 2009.

趙國慶, 《周璇之謎》, 湖北: 長江文藝出版社, 2003.

應國靖, 《也談〈何日君再來〉問世經過, 怎樣鑑別黃色歌曲》, 上海: 人民音樂出版社, 1982.

강연진, 〈한국 근대 대중가요 형성 과정 연구〉, 이화여자대학교 석사논문, 2002.

구인모, 〈중일전쟁 시기의 조선문예회와 조선어 관제가요〉, 국제어문 54호.

권도희, 〈신민요 창법과 발성법이 표명하는 도시적, 민족적 정체: 서도계 신민요를 중심으로〉, 동양음악 38, 2015.

Koufan · 홍성규(2020), 〈20세기 전반기 상해의 재즈음악 발전 양상에 대한 고찰」, 문화와 융합 제42권, 27-58.

김수연(2008), 〈소리 미디어와 근대 시공간〉, 중국현대문학 제44호, 135-163.

김승욱(2009), 〈근대 상하이 도시 공간과 기억의 굴절〉, 中國近現代史硏究 제41호, 115-140.

김은영(2016), 〈1930년대 대중잡지에 투영된 여성 대중가수의 이미지〉, 음악과 민족 제55호, 209-242.

김정욱(2007), 〈상하이 영화 연구 - 1930년대 라오상하이 영화의 영상 미학적 정체성〉, 중국인문과학 제36호, 399-413.

김종수, 〈중국(인)을 바라보는 한국 대중의 시선에 관한 연구: 일제 식민지 시기로부터 1950년대까지의 대중가요를 중심으로〉, 한중인문학연구 42호, 2014.

김태연, 〈도시, 유성기, 댄스홀〉, 중국현대문학 제80호, 2017.

김태연(2013), 〈黎錦暉와 時代曲의 탄생〉, 中國現代文學 제66호, 1-26.

김태연(2018), 〈1930년대 黎錦暉 비판과 중국 대중음악의 분화〉, 中國現代文學 제86호, 295-317.

김향령, 〈중국 신민가의 발전과 창법에 관한 연구〉, 중앙대학교 석사논문, 2018.

노정은, 〈'선전'과 '오락'의 변주 - 1930년대 상하이 좌익계열 영화의 미적 허위성〉, 중국현대문학 제41호, 2004.

박자영(2003), 〈좌익영화의 멜로드라마 정치 - 1930년대 상하이 대중문화 형질〉, 중국현대문학 제33호, 191-218.

송화숙, 〈"님은 언제 다시 오나": 노래하는 여성과 노래의 정치학〉, 이화음악논집 27집: 제4호, 2021.

신광호, 〈일제강점기 신민요의 문학정서 연구〉, 한국학연구 제36호, 2015.

신현준, 〈가(歌)·요(謠)·곡(曲)의 해부학 1 - 근대 조선과 일본에서 대중음악의 용어들에 대한 고찰〉, 개념과 소통 제33호, 2024.

신현준, 〈중화권 대중음악의 복합적 역사(들)에 관한 하나의 시좌〉, 한국대중음악학회 제1호, 2008.

신현준·김태연, 〈상하이 7대가후(上海七大歌后)'와 '시대곡(時代曲)'의 해부학 - 1940년대 중국 대중음악의 휘황기(輝煌期)에 대한 再考〉, 중국현대문학 제106호, 2023.

안영은, 〈추이지앤 록음악의 문화위치와 문화실천〉, 중어중문학학회 제44집, 2009.

안영은, 〈덩리쥔(鄧麗君)과 감성계몽〉, 한국중어중문학회 83권, 2021.

양지영, 〈신민요를 통해 본 '조선적인 것' : 노구치 우조, 「조선민요의 연구」, 김사엽을 중심으로〉, 일본문화연구 제66호, 2018.

이상윤, 〈음악영화에서 음악의 역할에 의한 의미 고찰 - 〈원스(Once)〉를 중심으로〉, 한국엔터테인먼트산업학회 제12권 7호, 2018.

이소영, 〈일제강점기 신민요의 혼종성 연구〉, 음악학 제19호, 2007.

이은진, 〈근대적 영성성의 구성과 훈육: 일제강점기 대중가요의 여성 이미지를 중심으로〉, 이화여자대학교 박사논문, 2017.

이경하(2012), 〈중국 대중가요 속의 '中華主義' 욕망~21세기 '中國風' 가요를 중심으로〉, 中國語文學誌 제41호, 149-186.

李魯亨, 〈한국 근대 대중가요의 역사적 전개 과정 연구〉, 서울대학교 박사논문, 1992.

이소영(2007), 〈일제강점기 신민요의 혼종성〉, 낭만음악 제19호, 191-307.

장유정(2003), 〈한국 트로트의 정체성에 대한 일고찰 - 1945년 이전 노래의 시적자아의 정서를 중심으로〉, 구비문학연구 제16호, 49-89.

전선아, 〈일제강점기 신민요 연구〉, 강릉대학교 석사논문, 1998.

정서은, 〈일제강점기 신민요의 음악사학적 접근: 작곡가 이면상을 중심으로〉, 한국음악사학보 제30호, 2003.

정서은, 〈일제강점기 신민요의 음악학적 고찰: 1930년대 악곡분석을 중심으로〉, 한국예술종합학교 석사논문, 2003.

장유정, 〈1930년대 신민요에 대한 당대의 인식과 수용〉, 한국민요학 제12호, 2003.

최명숙(2019), 〈중국 신시기 '강타이펑(港台风)' 음악의 대중화 연구〉, 중국문화연구 제45호, 23-48.

최명숙 · 김현주, 〈상하이 시대곡을 통해 본 중국 근대 유행음악의 혼종성 연구〉, 글로벌문화콘텐츠학회 제14권 2호, 2021.

최명숙, 〈한국과 중국의 근대 대중가요 민족화 연구 - 신민요와 신민가의 비교를 중심으로〉, 중국문화연구학회 제47권, 2020.

彭英姿, 〈鄧麗君音樂對中國內地流行樂壇的影響研究〉, 江西財經大學碩士學位論文, 2009.
馬多思, 〈偷聽鄧麗君的日子〉, 文史博覽 11期, 2013.
錢彤(2015), 〈20世紀早期爵士樂在上海的興起與傳播〉, *文藝爭鳴* 3, 196-200.
李秋菊(2008), 〈明以來文獻中“時調”的同義語與相關語辨析〉, *蘭州學刊*, (09), 171-175.
李音蓓(2019), 〈上海時代曲的爵士風格研究〉, *音樂藝術* 3, 54-61.
路應昆(2021), 〈20世紀上半葉戲曲種類演化趨向略談〉, 戲曲研究 116, 1-17.
斯雯(2017), 〈從《申報》看上海“時代曲”的發展〉, *南京師範大學*, 1-51.
倪君(2020), 〈20世紀初海派京劇中的外國戲與“五四”精神〉, *文化藝術研究* 13, 89-90.
項筱剛(2010), 〈20世紀20-40年代的中國流行音樂〉, 中國音樂學 第一期, 96-102,
項筱剛, 〈周鏇的歷史意義〉, 音樂藝術 (1), 2018.
項筱剛, 〈周璇, 鄧麗君能“劃時代”嗎？〉, 『音樂文化研究』, 3期, 2021.
項筱剛, 〈周璇的歷史崛起－爲周璇逝世六十週年而寫〉, 歌唱藝術 10期, 2017.
項筱剛, 〈周璇的歷史意義－爲周璇逝世60週年而寫〉, 音樂藝術 1호, 2018.
黃霑, 〈香港歌曲的祖宗〉, 北方音樂 第10期, 2004.
王宇, 〈二十世紀三四十年代上海流行歌曲研究〉, 河北大學碩士論文, 2014.
王勇 · 鮑靜, 〈天涯歌女金嗓傳音-周璇〉, 音樂愛好者, 2006.
王思思, 〈左翼電影音樂研究〉, 上海大學博士論文, 2019.
王羣, 〈周旋－一個時代的聲音和影像〉, 『當代電影』 (3), 2008.
伍春明 · 伍音菲(2009), 〈民國時期上海流行歌曲的歌星演唱風格初探〉, *齊魯文藝 6*, 60-66.
趙方晨(2021), 〈論學堂樂歌在中國近現代音樂史上的重要地位〉, *戲劇之家 23期*, 89-90.
周雨桐(2021), 〈‘popular music’和'pop'概念辯析及翻譯〉, *當代音樂 6期*, 178-180.
周璇, 〈我愛唱歌〉, 大衆影訊 (6), 1943.
周璇, 〈我的所以出走〉, 萬象 제1권: 제2호, 1941.
周曉燕(2013), 〈文化視閾中的中國流行音樂研究〉, *蘇州大學博士論文*, 1-177.
鄭雨光, 〈‘올드 상하이’ 노스탤지어－롼링위를 중심으로〉, 『中國文化研究』 14輯,

2009.
趙勇 · 祝欣, 〈鄧麗君, 流行音樂與20世紀80年代的批判話語〉, 《文學與文化》, 2014.
朱爭平(2013), 〈*老上海的爵士樂*〉, 新民晚報, B02版.
褚秋豔(2008), 〈20世紀早期上海京劇營銷初探〉, *戲曲研究 77*, 326-338.
徐中原(2020), 〈20世紀初西樂學堂樂歌爲我國早期"流行歌曲"考論〉, *藝術研究 5*, 3-47.
邢慧雯(2019), 〈學堂樂歌－中國近代音樂的開端〉, 文化月刊, (12), 140-141.
楊思彬 · 楊博華(2020), 〈淺析學堂樂歌的發展脈絡〉, 北方音樂 9, 172-173.
〈流行音樂, 정신오염 일소에 관하여〉, 解放日報, 1983.12.20.
師永剛 · 昭君 · 方旭, 〈永遠的鄧麗君〉, 文史博覽 (11), 2005.
〈周偉要求黃宗英歸還周璇遺產〉, 上海『新民晚報』, 1986年11月8日.
百度: 周璇
https://baike.baidu.com/link?url=mG9WEjhfGm53MN16s0JYGs J9MUrr2y2O8a HOHrQf7SkHsQaLdp7fBU_oMjFxHklnnh MwugC0UEcq9O6DJKDk_ (2025.01.05. 검색).
百度: 周璇遺產案https://baike.baidu.com/item/3329618(2025년 1월 11일 검색).

최명숙 崔明淑 Choi Myung Sook

現 상명대학교 중국어권지역학 교수
북경사범대학교 문예학 박사
오페라 및 중국 가극 연구
중국 대중음악 및 한중문화 비교 연구

저서 : 『중국 대중음악 연구』
『중국 무협 블록버스터 영상미 그리고 음악』
『중국어회화 기초향상편(TSC 2·3급 대비』
『중국어회화 중급편(TSC 3·4급 대비)』

황금의 목소리 저우쉬안 周璇

초판 1쇄 발행 _ 2025년 12월 25일

저 자 • 최 명 숙
발 행 인 • 정 현 걸
발 행 • 신 아 사
인 쇄 • 부건애드
출판등록 • 1956년 1월 5일 (제9-52호)
주 소 • 서울시 은평구 통일로 59길 4 (2층)
전 화 • 02)382-6411 · 팩스 02)382-6401
홈페이지 • www.shinasa.co.kr
E-MAIL • shinasa@daum.net

ISBN 979-11-7342-123-5 (93670)

정가 15,000원